LES MAITRES DE L'HISTOIRE

RENAN
TAINE, MICHELET

PAR

GABRIEL MONOD

PARIS
CALMANN LÉVY, ÉDITEUR
RUE AUBER 3, ET BOULEVARD DES ITALIENS, 15
A LA LIBRAIRIE NOUVELLE
1894

LES MAITRES DE L'HISTOIRE

RENAN

TAINE, MICHELET

DU MÊME AUTEUR

ALLEMANDS ET FRANÇAIS. SOUVENIRS DE CAMPAGNE. Paris, Fischbacher, 2e édition, 1872, in-12.

ÉTUDES CRITIQUES SUR LES SOURCES DE L'HISTOIRE MÉROVINGIENNE. — Première partie : *Grégoire de Tours et Marius d'Avenche*. Paris, Vieweg, 1872, in-8°. — Deuxième partie : *Frédégaire* (texte), 1885.

BIBLIOGRAPHIE DE L'HISTOIRE DE FRANCE, Paris, Hachette, 1888, in-8°.

REVUE HISTORIQUE, dirigée par G. Monod et Ch. Bémont. Recueil trimestriel fondé en 1876. Paris, Alcan. (Prix d'abonnement, 30 francs par an).

IMPRIMERIE CHAIX, RUE BERGÈRE, 20, PARIS. — 0064-5-94. — (Encre Lorilleux).

LES MAITRES DE L'HISTOIRE

RENAN
TAINE, MICHELET

PAR

GABRIEL MONOD

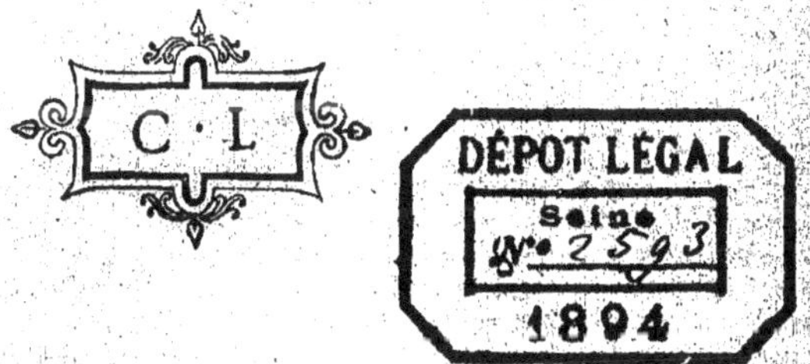

PARIS
CALMANN LÉVY, ÉDITEUR
ANCIENNE MAISON MICHEL LÉVY FRÈRES
3, RUE AUBER, 3

1894

A

CHARLES DE POMAIROLS

Mon cher ami,

J'ai tenu à inscrire ton nom en tête de ce volume. Les études qui le composent ont trouvé chez toi, lorsqu'elles ont paru séparément dans divers recueils périodiques, une sympathie qui a été pour moi le plus précieux des encouragements. Ton goût littéraire si délicat et ton sens moral si droit me garantissaient que je ne m'étais pas trompé en donnant à ces essais sur des écrivains que j'ai personnellement connus, que j'ai admirés et aimés, non la forme d'une analyse critique de leur œuvre aboutissant à l'approbation ou à la réfutation de leurs doctrines, mais celle d'essais biographiques où j'ai cherché à démêler les rapports qui existent entre leurs écrits et leur vie, la nature de leur influence, les idées et les sentiments qui les ont inspirés.

Quelques personnes se sont étonnées que j'aie pu parler avec une sympathie presque égale d'écrivains aussi dissemblables que le furent Michelet, Renan et Taine ; et que j'aie mêlé si peu de critiques à l'exposé que j'ai fait de leurs idées. Elles auraient aimé me voir indiquer les points sur lesquels je me sépare d'eux et les motifs de mon dissentiment. Je n'ai point pensé qu'il importât beaucoup au public de connaître mon sentiment personnel sur les questions religieuses, philosophiques et historiques que Taine, Renan et Michelet ont abordées et résolues chacun à leur manière. Si je croyais devoir le dire, je le ferais directement, et non sous forme de réfutation des idées d'autrui. Je crois d'autre part avoir suffisamment indiqué, bien qu'avec discrétion, les points sur lesquels ces grands esprits me paraissent avoir donné prise à la critique. Je n'ai point caché le tort qu'une sensibilité et une imagination trop vives ont fait chez Michelet à la critique de l'historien et à l'observation raisonnée du savant ; la part de reponsabilité qui lui revient dans ce culte aveugle de la Révolution française dont nous avons si longtemps souffert ; l'influence troublante que les luttes religieuses et politiques ont exercée sur la sérénité et l'équilibre de sa pensée. J'ai indiqué comment Renan, trop sensible à la crainte de paraître juger autrui ou imposer ses opinions alors qu'il avait rejeté la foi absolue et l'autorité sacerdotale, trop désireux de poursuivre les nuances infinies de la vérité, trop porté par sa nature à un optimisme et à une bienveillance universels, avait encouru le reproche de tomber dans le dilettantisme, et avait engendré des imitateurs dont le scepticisme superficiel, raffiné et pervers a rendu haïssable ce qu'on appelle le Renanisme. *J'ai laissé voir que chez Taine il y avait quelque désaccord entre la hardiesse de sa pensée et la timidité de son caractère, et que ce désaccord pouvait expliquer quelques uns de ses jugements historiques ; que ses convictions déterministes et la puissance logique de son esprit lui ont fait méconnaître ce qu'il y a de complexe, de mystérieux, d'insaisissable dans la nature et dans l'homme ; qu'il a trop cru à la possibilité de réduire à des classifications fixes et à des formules simples l'histoire et la vie ; qu'il a pris trop souvent la clarté et la logique d'un raisonnement pour une preuve suffisante de sa justesse ; qu'il a eu enfin, lui aussi, dans les écrivains naturalistes et matérialistes de ces dernières années des disciples dont les hommages étaient pour lui une amertume et presque un remords.*

J'aurais pu sans doute insister plus que je ne l'ai fait sur les imperfections de leurs œuvres et sur les limites de leur génie ; mais il me semble que j'aurais alors altéré la vérité du portrait que je voulais tracer d'eux. Au lieu de m'attarder à dire ce qu'ils n'ont pas fait et ce qu'ils n'ont pas été, j'ai cherché à montrer ce qu'ils ont été et ce qu'ils ont voulu faire. Connaissant personnellement leur valeur morale, j'ai cherché à leurs doctrines et à leurs actes, des explications naturelles, légitimes et élevées, même à ce qui pouvait me surprendre ou me choquer en eux. Les sachant incapables de céder sciemment à des motifs frivoles ou bas, j'ai cru en agissant ainsi faire œuvre d'équité. En présence d'hommes supérieurs, la sympathie est la voie la plus sûre pour comprendre ; et l'œuvre la plus utile de la critique est d'expliquer en quoi les grands hommes ont été grands, les ressorts secrets de leur génie, les motifs légitimes de leur influence. Ce n'est que longtemps après leur mort, quand le temps a mis chaque chose à son rang, qu'on peut discerner les défauts, les lacunes, les défaillances qui ont rendu certaines parties de leur œuvre caduques ou nuisibles. Et même alors, n'est-ce pas sur les parties durables et bienfaisantes qu'il est le plus nécessaire d'insister? Les influences nuisibles n'ont d'ordinaire qu'un temps; les influences bienfaisantes sont éternelles. C'est l'honneur de la critique scientifique de notre siècle d'avoir su sympathiser avec les esprits les plus divers pour les mieux comprendre, d'avoir cherché à expliquer et à légitimer par conséquent, dans une certaine mesure, en les expliquant, leur manière de sentir et de penser. Que dirait-on aujourd'hui d'un critique qui jugerait Calvin d'après les piétistes étroits et déplaisants qui se réclament de lui, Rabelais d'après les chroniqueurs orduriers qui se disent rabelaisiens, Racine d'après Campistron, Voltaire d'après M. Homais? qui reprocherait à Bossuet de n'avoir pas conçu l'histoire universelle comme Herder ou Auguste Comte, et à Pascal d'avoir eu pour disciples les convulsionnaires de Saint-Médard? S'attacher surtout à mettre en lumière les côtés lumineux du génie des grands penseurs et des grands artistes, et montrer de préférence ce qu'ils ont ajouté aux jouissances esthétiques et aux richesses intellectuelles et morales de l'humanité, c'est faire acte d'équité. Lorsqu'il s'agit de contemporains à qui l'on doit le meilleur de sa pensée, c'est un devoir de reconnaissance. Tu en as ainsi jugé quand tu as écrit sur Lamartine un livre où le plus inspiré des poètes trouvait son vrai critique chez un poète dont l'âme est parente de la sienne. Le même sentiment m'a guidé dans ces esquisses plus modestes, sur Renan, Taine et Michelet. J'ajouterai que ma sympathie et ma reconnaissance pour ces trois hommes également et diversement grands, se mêlent d'une nuance plus marquée d'admiration pour Renan, pour Taine de respect, et pour Michelet d'affection.

PRÉFACE

Les trois maîtres dont je me suis proposé d'étudier l'œuvre et la vie, résument, à mes yeux, ce qu'il y a d'essentiel dans l'œuvre historique de notre pays et de notre siècle. Ils se complètent, tout en s'opposant sur certains points. Je ne veux certes pas diminuer le mérite et la gloire d'Augustin Thierry, de Guizot, de Mignet, de Tocqueville, de Fustel de Coulanges; mais leur effort ne me semble pas avoir une portée aussi étendue, aussi générale, aussi profonde que celui de Renan, Taine et Michelet. L'histoire se propose trois objets principaux : critiquer les traditions, les documents et les faits; dégager la philosophie des actions humaines en découvrant les lois scientifiques qui les régissent; rendre la vie au passé. Renan est par excellence

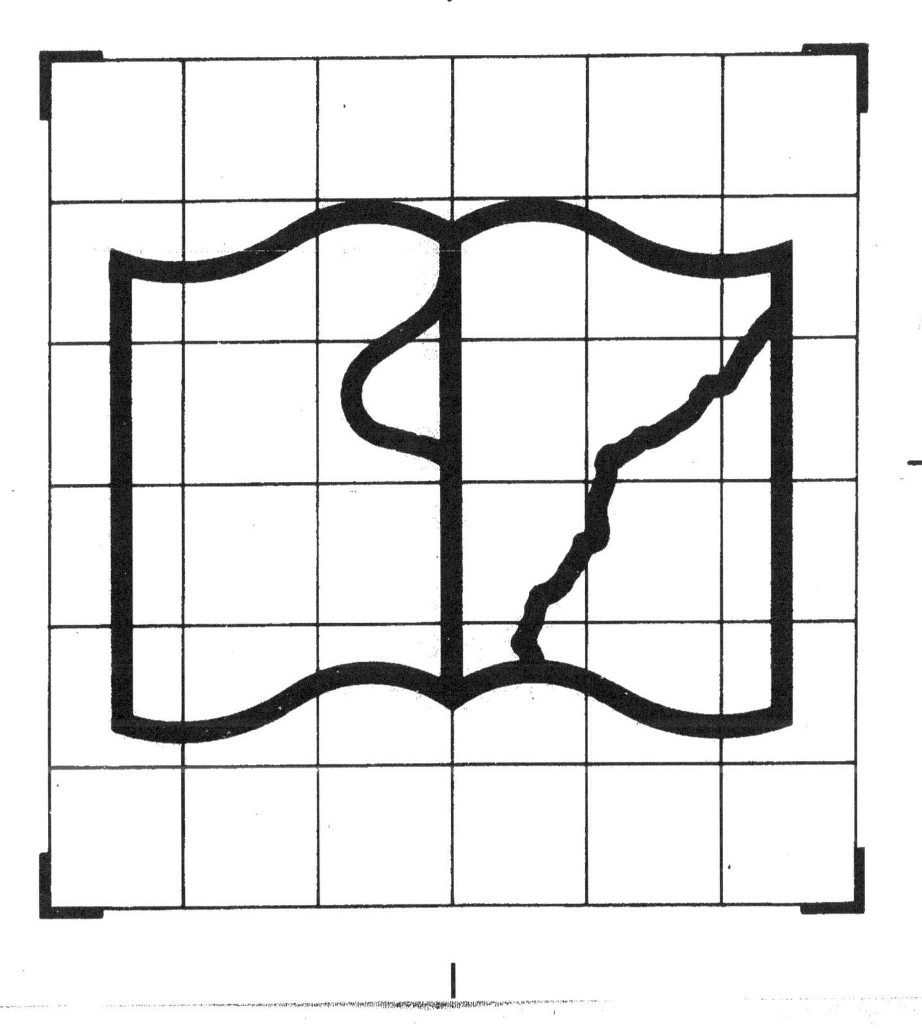

l'historien critique, Taine l'historien philosophe, Michelet l'historien créateur. Non sans doute que Renan et Michelet aient manqué du sens philosophique, Taine et Renan du sens de la vie, Michelet et Taine du sens critique; mais c'est à Renan qu'il faut demander des leçons de critique; c'est chez Taine que nous verrons la tentative la plus considérable qui ait été faite pour constituer l'histoire en science au nom d'une conception philosophique, et c'est à Michelet qu'il faut demander le secret de la vision et de la résurrection du passé.

Logiquement cette reconstitution de l'histoire aurait dû être entreprise après que les bases de la science historique et de la méthode critique auraient été posées. Mais peut-être trop de critique et trop de philosophie aurait paralysé l'audace créatrice; peut-être était-il nécessaire, pour que Michelet pût, comme Ezéchiel, souffler sur les ossements desséchés de la vallée de Josaphat, les revêtir de chair et les pénétrer de l'esprit de vie, qu'il ne fût pas entravé par les scrupules et les distinctions du critique, ni par les déductions rigoureuses du savant. Ce n'est pas que la critique et la philosophie lui fussent étrangères ou indifférentes; mais ce n'est pas en elles qu'était sa force. Il s'est vanté d'avoir le premier en France utilisé les documents d'archives pour écrire une histoire générale, recommandé l'emploi méthodique des sources originales, et affirmé qu'il n'y a point d'histoire sans érudition. Mais il faut reconnaître qu'il se servait avec une grande liberté des matériaux ainsi amassés, et que c'était l'homme d'imagination plus que le critique qui décidait de leur valeur relative et de leur emploi. Comme la logique pour Taine, la vie était pour lui la démonstration de la vérité ; de même que la production d'un corps organique par la synthèse chimique d'éléments simples mis fortuitement en présence se[illegible] plus démonstrative que la plus rigour[illegible]a-lyses. Sa philosophie historique [illegible]é et elle donnait une si grande place à l'autonomie humaine qu'elle excluait d'avance toute conception scientifique de l'histoire. Le développement de l'humanité était à ses yeux la lutte de la liberté contre la fatalité, l'ascension à la fois providentielle et volontaire de l'homme vers la pleine autonomie morale. Toute l'histoire était pour lui un vaste symbolisme révélant l'essor progressif de la liberté morale, des religions de l'Orient au Christianisme, du Christianisme à la Réforme, de la Réforme à la Révolution française. Écrire l'histoire, c'est saisir dans chaque époque les faits caractéristiques, dans chaque homme les traits essentiels qui constituent leur valeur symbolique, qui en font des « hiéroglyphes idéographiques ». Heureusement Michelet avait une science assez solide et une intuition assez spontanée du passé pour que ce qu'il y avait de flottant et d'insuffisant dans ses conceptions philosophiques ne paralysât pas sa puissance créatrice. Son instinct profond de la vie, sa puissance de sympathie, ses dons de visionnaire, lui ont permis d'imaginer et de montrer les hommes et les choses du passé avec des couleurs qui donnent l'illusion de la réalité. Il est le seul des romantiques chez qui la couleur locale ne soit pas le trompe-l'œil d'un décor, mais l'évocation d'êtres vivants, de choses réelles. Michelet a développé chez tous les historiens venus après lui le sens de la vérité historique ; Renan et Taine en particulier ont subi profondément son influence.

Si, comme Michelet, Taine a pour but de faire revivre le passé, ce n'est point à des procédés subjectifs de divination qu'il demande cette résurrection. Il croit que la vie sous toutes ses formes, vie morale et intellectuelle comme vie physique, a ses lois ; et c'est la découverte, puis la mise en action de ces lois qu'il assigne comme mission à l'historien. Il croit à une statique et à une dynamique sociales, à une anatomie, à une physiologie et même à une pathologie de l'histoire ; il pense que les hommes comme les actions des hommes sont des produits nécessaires, et il voit toute l'histoire comme une chaîne infinie de causes et d'effets. Il reconnaît sans doute que l'histoire, comme toutes les sciences morales, est une science inexacte et ne comporte que des approximations, mais il se laisse pourtant aller à tenter des explications simples de phénomènes complexes et à affirmer au nom de la logique mathématique dans un domaine où la vie dément constamment la logique. Toutefois, si, entraîné par ses convictions déterministes, Taine a parfois, par ses simplifications excessives et ses affirmations trop absolues, mutilé la nature humaine et desséché les choses vivantes, il a pourtant montré dans quelles conditions l'histoire peut devenir une science et quelle méthode on doit suivre pour découvrir ce qu'elle peut fournir à la science et à la philosophie. Car c'est le mérite éminent de Taine d'avoir identifié la notion de science et celle de philosophie. Il est vraisemblable que l'histoire deviendra difficilement une science au sens propre du mot, et qu'elle devra se borner à des généralisations philosophiques partielles ; mais elle doit être pénétrée d'esprit scientifique, et elle aura un caractère d'autant plus scientifique qu'elle se rapprochera davantage de l'idée que Taine s'en est faite.

C'est la critique qui permettra de discerner en quelque mesure dans l'histoire ce qui peut être objet de science de ce qui restera du domaine de l'art et de la conjecture. Renan, qui s'est montré, lui aussi, dans son œuvre historique, un créateur et un peintre d'une merveille puissance, me paraît surtout grand pour avoir, avec une pénétration et une sincérité sans égales, déterminé les vrais caractères et les vraies conditions de la critique historique. Il a circonscrit le domaine où la critique historique et l'observation scientifique peuvent opérer à coup sûr, d'après des règles positives ; mais il a osé dire qu'en dehors de ce domaine, il entre dans la critique elle-même une part de subjectivisme, un élément de tact, de divination et d'art. Ses adversaires ne manquent pas de l'accuser d'introduire la fantaisie et l'arbitraire dans l'histoire ; ils ne voient pas dans ses hypothèses ce qui s'y trouve en effet, le scrupule d'un esprit sensible à toutes les nuances de la vérité, qui saisit avec une extraordinaire délicatesse tout ce qu'il y a d'incertain, non seulement dans les documents de la tradition historique, mais aussi dans la critique qu'on leur applique, et qui accorde plus de certitude aux caractères généraux d'une époque qu'aux faits particuliers. Ceux-ci n'ont qu'une valeur symbolique pour ainsi dire, en ce qu'ils caractérisent un état social ou un état d'âme. Personne n'a apporté autant de tact et de sagacité que Renan dans cette divination critique du symbolisme de l'histoire, et nous croyons que ses livres marqueront une date capitale dans l'évolution de la critique historique. Personne n'a jamais eu au même degré que lui, le sens de l'histoire. Il a rompu en visière avec ce pédantisme de la critique qui prétend trancher les questions les plus complexes avec des données incomplètes, au nom de règles absolues dont l'expérience à maintes fois démontré la fragilité. Les hommes ont un si grand besoin de certitude qu'ils ne sont pas éloignés de traiter comme un malfaiteur celui qui leur interdit à la fois d'affirmer et de nier, et qui recommande le doute comme un devoir. Renan n'a pas craint de dire et de montrer qu'il y avait des degrés infinis de vraisemblance, mais que le domaine de la certitude était extrêmement restreint ; et que toutes les choses que nous souhaiterions le plus de savoir sont en dehors de ce domaine. Il n'a pas craint, après avoir ainsi tout remis en question, de tenter de reconstituer l'histoire du passé telle qu'il pouvait se l'imaginer, parce que l'homme a besoin d'imaginer, comme il a besoin de croire, et parce que ce qu'il imagine comme ce qu'il croit contient une vérité provisoire et partielle. On a dit de Mérimée qu'il fut dupe de la prétention de n'être jamais dupe. On peut dire de Renan qu'il n'a jamais été dupe parce qu'il a consenti à être dupe volontairement. Et c'est ainsi qu'il a pu être tout à la fois un artiste incomparable et un savant de premier ordre. Il égale presque Michelet par l'imagination, mais sans se laisser entraîner par elle ; il cherche comme Taine à démêler dans l'histoire la vérité scientifique, mais il a une plus fine perception des difficultés du problème. Personne n'a su, avec autant de profondeur et de pénétration que lui, démêler et déterminer les conditions et les limites de la connaissance.

Il est nécessaire d'écouter la leçon particulière de chacun de ces trois maîtres. Ils se complètent et se corrigent l'un l'autre. Si l'on craint, en se laissant séduire par les côtés ironiques et sceptiques du génie de Renan, de ne plus voir dans l'histoire qu'un jeu décevant d'apparences imaginaires, on écoutera la voix grave de Taine qui nous ordonne de croire à la science et de découvrir sous les changeantes apparences la vérité positive et les lois immuables de l'univers ; si l'on craint, en suivant les austères et durs enseignements de Taine, de perdre le sens et l'amour de la nature et des hommes, on apprendra de Michelet que dans la poursuite des vérités morales, il ne faut pas s'adresser à l'intelligence seule, mais aussi à l'imagination et au cœur « d'où jaillissent les sources de la vie. »

ERNEST RENAN

Il est difficile de parler avec équité d'un grand homme au moment où la mort vient de l'enlever. Pour juger dans leur ensemble une vie et une œuvre, il faut qu'un temps assez long nous permette de les considérer à distance et comme en perspective, de même qu'il faut un certain recul pour jouir d'un objet d'art. Le temps simplifie et harmonise toutes choses; il fait disparaître, dans une œuvre, les parties secondaires et caduques et met en lumière les parties essentielles et durables. C'est le temps seul qui, dans les matériaux de valeur inégale dont se compose la réputation d'un grand homme de son vivant, choisit les plus solides pour élever à sa mémoire un monument impérissable.

Il est encore plus difficile de juger avec impartialité un grand homme quand on l'a connu et aimé, quand on peut encore se rappeler le son caressant de sa voix, la finesse de son sourire, la profondeur de son regard, la pression affectueuse de sa main, quand on se sent encore, non seulement subjugué par la supériorité de son esprit, mais comme enveloppé de sa bienveillance et de sa bonté.

A ces difficultés d'ordre général s'en joint une autre quand il s'agit d'un homme tel que fut Ernest Renan. Son œuvre est si considérable et si variée, son érudition était si vaste, les sujets auxquels se sont attachées ses recherches et sa pensée sont si divers qu'il faudrait, pour être en mesure de parler dignement de lui, une science égale à la sienne et un esprit capable comme le sien d'embrasser toutes les connaissances humaines, toute la nature et toute l'histoire[1].

Pour toutes ces raisons, on comprendra que

1. On consultera sur Renan les études de P. Bourget dans ses *Essais de psychologie contemporaine* et de J. Lemaitre dans *Les contemporains*, un remarquable article de Maurice Vernes dans la *Revue d'histoire des religions* (1893) et surtout la belle notice de J. Darmesteter dans la *Revue asiatique* (1893).

j'éprouve quelque hésitation à parler de lui et que je ne puisse avoir la prétention de juger ni sa personne ni son œuvre. Je ne me sens pour cela ni une compétence suffisante, ni une indépendance assez complète d'esprit et de cœur vis-à-vis d'un homme que j'aimais autant que je l'admirais. Mais, ayant eu le privilège de le voir de près, appartenant à la génération qui a suivi la sienne et qui a été nourrie de ses écrits et de son esprit, je puis essayer de rappeler ce qu'il a été et ce qu'il a fait, et de dégager la nature et les causes de l'influence qu'il a exercée en France pendant la seconde moitié de notre siècle.

I

Rien de plus uni et de plus simple que la vie d'Ernest Renan. Elle a été tout entière occupée par l'étude, l'enseignement, les joies de la famille. Ses seules distractions ont été quelques voyages et les plaisirs de la causerie dans des dîners d'amis et dans quelques salons. Si, à deux reprises, en 1869, aux élections législatives de Seine-et-Marne, et en 1876, aux élections sénatoriales des Bouches-du-Rhône, Ernest Renan sollicita un mandat politique, il y fut poussé par l'idée qu'un homme de sa valeur a le devoir de donner une partie de son temps et de ses forces à la chose publique, s'il en a l'occasion. Il n'avait apporté à ses campagnes électorales aucune fièvre d'ambition. Quand il vit que la majorité des suffrages ne venait point spontanément à lui, il renonça sans peine et sans regret à les briguer[1].

Cette vie si tranquille et si heureuse eut pourtant ses heures de trouble, on pourrait dire ses drames, mais des drames tout intérieurs,

1. La note suivante fut envoyée par Renan à un ami pendant la campagne électorale pour lui indiquer dans quel esprit il fallait présenter sa candidature.

« M. Renan est un homme d'imprévu... Il est difficile d'avance de prédire son développement... Pour s'être occupé surtout du passé, Ernest Renan n'est pas resté étranger au XIXe siècle. Il y a réfléchi... Ses *Questions contemporaines*... Ce n'est donc pas avec trop d'étonnement que nous avons appris sa candidature en Seine-et-Marne. La circonscription où il se présente est celle qui envoyait à la Chambre La Fayette, Portalis. C'est l'un des pays les plus libéraux de France en politique et en religion. Nous souhaiterions que M. Ernest Renan réussît. Nous croyons qu'en certaines questions il pourrait être de bon conseil. M. Ernest Renan n'est pas un radical; les divers partis ont contre lui des griefs. Il y a un parti qui n'a pas de grief contre lui: le parti de la liberté. Nous désirerions vivement que les électeurs de Seine-et-Marne soient de cet avis. M. Ernest Renan a ainsi résumé son programme: *Pas de révolution, pas de guerre, progrès, liberté.* C'est sûrement là le programme du pays où il se présente et peut-être de la province en général. Si M. Ernest Renan devenait un jour le représentant de l'esprit libéral tel que l'entend la province, en opposition avec l'esprit radical de Paris, nous n'en serions pas trop surpris. »

Tant de modération, de modestie et de nuances n'étaient pas pour entraîner le suffrage universel. Ernest Renan en fit l'expérience.

des troubles purement intellectuels, moraux et religieux.

Ernest Renan était originaire de Tréguier (Côtes-du-Nord), une de ces anciennes villes épiscopales de Bretagne qui ont conservé jusqu'à nos jours leur caractère ecclésiastique, qui semblent de vastes couvents grandis à l'ombre de leurs cathédrales et qui, dans leur pauvreté un peu triste, n'ont rien de la banalité et de l'aisance bourgeoises des villes de province du nord et du centre de la France. On peut encore visiter l'humble maison, toute proche de la belle cathédrale fondée par saint Yves, où Renan naquit le 27 février 1823; le petit jardin planté d'arbres fruitiers où il jouait tout enfant, laissant errer sa vue sur l'horizon calme et mélancolique des collines qui encadrent la rivière de Tréguier. Son père, capitaine de la marine marchande et occupé d'un petit commerce, était de vieille race bretonne (le nom de Renan est celui d'un des plus vieux saints d'Armorique). Il transmit à son fils l'imagination rêveuse de sa race, son esprit de simplicité désintéressée. La mère était de Lannion, petite ville industrielle, qui n'a rien de l'aspect monacal de Tréguier. Très pieuse, elle avait cependant une élasticité et une gaieté de caractère que son fils attribuait à son origine gasconne et dont il avait hérité. Sérieux breton, vivacité gasconne, Renan a trop souvent insisté sur la coexistence en lui de ces deux natures pour qu'il nous soit permis de le contredire sur ce point; mais, en dépit d'apparences qui ont fait croire à des observateurs superficiels que le gascon l'avait en lui emporté sur le breton, le sérieux a eu la première, la plus large part dans ce qu'il a pensé, fait et écrit.

La vie du reste commença par être pour lui plus qu'austère; elle fut sévère et dure. Son père périt en mer, alors que lui-même était encore enfant, et ce ne fut qu'à force d'économie et de privations que sa mère put subvenir à l'éducation de ses trois enfants. Ernest Renan, loin de garder rancune à la destinée de ces années misérables, lui resta reconnaissant de lui avoir fait connaître et aimer la pauvreté. Il eut toute sa vie l'amour des pauvres, des humbles, du peuple. Il ne s'éloigna jamais des parents de condition plus que modeste qu'il avait conservés en Bretagne. Dans les dernières années de sa vie, il aimait à les aller revoir, comme il avait tenu à conserver intacte la petite maison où s'était écoulée son enfance.

Sa sœur Henriette, de douze ans plus âgée que lui, personne remarquable par la force de son esprit et de son caractère comme par la tendresse passionnée de son cœur, se dévoua aux siens, et, après avoir donné des leçons à Tréguier, elle se résigna, d'abord à entrer dans un pensionnat à Paris, puis à accepter une place d'institutrice en Pologne, sans cesser de suivre avec une sollicitude maternelle les progrès de son plus jeune frère, dont elle avait deviné la haute intelligence. Le jeune Ernest faisait à Tréguier ses humanités dans un séminaire dirigé par de bons prêtres ; il y était un écolier doux et studieux, qui remportait sans peine tous les premiers prix et ne voyait pas devant lui de plus bel avenir que d'être, dans son pays natal, un prêtre instruit et dévoué, plus tard peut-être chanoine de quelque église cathédrale. Mais sa sœur avait connu à Paris un jeune abbé, intelligent et ambitieux, M. Dupanloup, qui venait de prendre la direction du petit séminaire de Saint-Nicolas-du-Chardonnet, et qui cherchait à recruter des sujets brillants. Elle lui parla des aptitudes et des succès de son frère, et, à quinze ans et demi, Ernest Renan se trouva transplanté à Paris. Il émerveilla ses nouveaux maîtres par sa précoce maturité, par sa merveilleuse facilité de travail; et, après avoir fait brillamment sa philosophie au séminaire d'Issy, il entra à Saint-Sulpice pour y étudier la théologie. Saint-Sulpice était alors en France le seul séminaire où se fût perpétuée la tradition des fortes études et en particulier la connaissance des langues orientales. Les Pères qui y enseignaient, et spécialement le Père Le Hir, orientaliste éminent, rappelaient, par l'austérité de leur vie, par la profondeur de leur érudition, les grands savants que l'Église a produits au XVIIe et au XVIIIe siècles. — Renan devint rapidement l'ami, puis l'émule de ses maîtres. Ceux-ci voyaient déjà en lui une gloire future de la maison, sans se douter que les leçons mêmes qu'il y recevait allaient l'en détacher pour toujours.

C'est une crise purement intellectuelle qui fit sortir Renan du séminaire. L'état de prêtre lui souriait; il avait reçu avec une joie pieuse les ordres mineurs, et aucune des obligations morales de la vocation ecclésiastique ne lui pesait. La vie du monde lui faisait peur; celle de l'Église lui paraissait douce. Il n'y avait en lui aucun penchant à la raillerie ou à la frivolité. Mais, en lui enseignant la philologie comparée et la critique, en lui faisant scruter les livres saints, les prêtres de Saint-Sulpice avaient mis entre les mains de leur jeune élève le plus redoutable des instruments de négation et de doute. Son esprit lucide, pénétrant et sincère, vit la faiblesse de la construction théologique sur laquelle repose toute la doctrine catholique. Ce qu'il avait appris à Issy de sciences naturelles et de philosophie venait confirmer les doutes que la critique philologique et historique lui inspirait sur l'infaillibilité de l'Église et de l'Écriture sainte, et sur la doctrine qui fait de la révélation chrétienne le centre de l'histoire et l'explication de l'univers. Le cœur déchiré (car il allait contrister non seulement des maîtres vénérés, mais encore une mère tendrement aimée), il n'hésita pourtant pas un instant à obéir au devoir que la droiture de son esprit et de sa conscience lui imposait. Il quitta l'asile paisible qui lui promettait un avenir assuré pour vivre de la dure vie de répétiteur dans une institution du quartier latin et entreprendre, à vingt-deux ans, la préparation des examens qui pouvaient lui ouvrir la carrière du professorat. Son admirable sœur lui vint en aide dans ce moment difficile. Arrivée avant lui, par ses propres reflexions et ses propres études, aux mêmes convictions négatives, elle avait évité de jamais troubler de ses doutes l'esprit de son jeune frère. Mais, quand il s'ouvrit à elle et lui écrivit ses motifs de quitter le séminaire et de renoncer à la prêtrise, elle fut inondée de joie et lui envoya ses douze cents francs d'économies pour l'aider à franchir les difficultés des premiers temps de liberté.

Il n'eut pas besoin d'épuiser ce fonds de réserve. Grâce à ses prodigieuses facultés intellectuelles et à la science déjà considérable acquise pendant ses années de séminaire, Renan put rapidement se créer une situation indépendante et marcha désormais de succès en succès. On reste confondu en voyant ce qu'il sut faire et produire pendant les cinq années qui suivirent sa sortie de Saint-Sulpice, de la fin de 1845 à 1850. Il conquit tous ses grades universitaires, du baccalauréat à l'agrégation de philosophie, où il fut reçu premier en 1848. Il obtint, la même année, de l'Académie des inscriptions, le prix Volney, pour un grand ouvrage, l'*Histoire générale et système comparé des langues sémitiques* (publiée en 1855), et, deux ans plus tard, un autre prix sur l'*Étude du grec au moyen âge*. Il faisait en 1849-1850 des recherches dans les bibliothèques d'Italie[1] et en rapportait sa thèse de doctorat soutenue en 1852, un livre sur *Averroès et l'Averroïsme*, capital pour l'histoire de l'introduction de la philosophie grecque en Occident par les Arabes. En même temps, il publiait dans des recueils périodiques plusieurs essais, entre autres celui qui, remanié, est devenu son livre sur l'*Origine du langage*, et il écrivait un ouvrage considérable sur l'*Avenir de la science*, qu'il n'a imprimé qu'en 1890.

Ce livre, composé en quelques mois par un jeune homme de vingt-cinq ans, contient déjà

1. Ce voyage d'Italie fut un enchantement et lui laissa de durables impressions. Voici ce qu'il disait de Rome dans une lettre du 25 mars 1850 : « Je suis de retour à Rome pour la deuxième fois. Vous voyez que cette ville exerce sur moi une attraction toute particulière ; j'y aurai passé près de cinq mois, et tous les jours je l'envisage par des faces nouvelles et je lui trouve de nouveaux charmes. Rome est la ville du monde où l'on est le plus à l'aise pour philosopher. Nulle part la pensée n'est plus libre, la vue plus limpide. Rome est comme les grandes œuvres de l'esprit humain ; l'impression qu'elle produit est très complexe. Il y a place pour l'admiration, pour le mépris, pour le rire, pour les pleurs. C'est le tableau le plus parfait de la vie humaine, ou plutôt c'est le résumé de la vie de l'humanité, concentré en un point. Si vous visitez jamais ce pays, vous partagerez, j'en suis sûr, mes sympathies, et vous préférerez cette grande ruine à cette Naples trop vantée, qui n'a pour elle que son admirable nature. Naples ne m'a laissé que de pénibles souvenirs. Il est impossible, en face d'une telle dégradation de la nature humaine, de s'ouvrir de gaîté de cœur au charme des beaux lieux, lors même que ces lieux s'appellent Sorrente et Portici, Misène et Baïa. »

toutes les idées sur la vie et sur le monde qu'il répandra en détail dans tous ses écrits ; mais elles sont affirmées ici avec un ton de conviction enthousiaste et de certitude qu'il atténuera de plus en plus dans ses écrits ultérieurs, sans rien abandonner d'ailleurs du fond même de sa doctrine. Il salue l'aurore d'une ère nouvelle, où la conception scientifique de l'univers succèdera aux conceptions métaphysiques et théologiques. Les sciences de la nature surtout et les sciences historiques et philologiques sont non seulement les libératrices de l'esprit, mais encore les maîtresses de la vie. Pédagogie, politique, morale, tout sera régénéré par la science. Par elle seule, la justice sera fondée parmi les hommes, et elle deviendra pour eux une source et une forme de religion [1].

Sur les conseils d'Augustin Thierry et de

1. La politique n'a joué qu'un rôle très secondaire dans la vie d'Ernest Renan, aussi n'ai-je pas cru devoir insister sur les sentiments qu'ont pu lui inspirer les révolutions de 1848 et 1850. Mais il n'est pas inutile de rappeler qu'en 1850 il se disait de tendances, mais non de doctrines socialistes, et que le 2 décembre fut pour lui comme pour tous les hommes de cœur de sa génération une cruelle épreuve. Il écrivait le 14 janvier 1852 :

« J'aurais, je crois (après le 2 décembre), définitivement et à tout jamais, répudié le suffrage universel, qui nous a joué cet effroyable tour. « On ne peut vivre avec toi, ni sans toi. » Voilà bien le mot, et c'est toute la vie et toute l'histoire... Croiriez-vous que dans la fièvre des premiers jours, j'étais presque

M. de Sacy, E. Renan ne publia pas ce volume, dont le don dogmatique et sévère aurait rebuté les lecteurs et dont les idées étaient trop neuves et trop hardies pour être acceptées toutes à la fois. Les Français auraient

devenu légitimiste, et que je suis encore bien tenté de l'être, s'il m'est démontré que la transmission héréditaire du pouvoir est le seul moyen d'échapper au césarisme, conséquence fatale de la démocratie telle qu'on l'entend en France. Si c'est là la conséquence de 89, ainsi qu'on nous le dit, je répudie 89; car je suis convaincu que la civilisation moderne ne tiendrait pas cinquante ans à ce régime... Depuis ces événements je suis devenu tout curiosité; je ne vis que des nouvelles et des impressions d'autrui. »

Son caractère ne le portait pas à la résistance active. Voici comment il jugeait, le 17 mai 1852, la question du serment :

« Mon avis est que ceux-là seuls devaient refuser qui avaient participé directement aux anciens gouvernements... ou qui actuellement avaient l'intention arrêtée d'entrer dans une conspiration contre celui-ci. Le refus des autres, bien que louable s'il correspond à une délicatesse de conscience, est à mon avis regrettable. Car outre qu'il dégarnit le service public de ceux qui peuvent mieux le remplir, il implique que tout ce qui se fait et tout ce qui se passe doit être pris au sérieux... En ce qui me concerne, on ne m'a encore rien demandé; je vous avoue que je ne me trouve pas assez d'importance pour faire une exception au milieu de mes collègues, qui, pas plus que moi, ne sont partisan du régime actuel. Il est évident que, de fort longtemps, nous devons nous abstraire de la politique. N'en gardons pas les charges, si nous n'en voulons pas les avantages. »

Néanmoins ses sentiments contre l'empire étaient très vifs. En 1853 dans une autre lettre, il dit qu'il ne veut plus signer d'articles dans l'*Athéneum français* « parce qu'on y a inséré des vers à la Montijo. Ce ne sera qu'en faisant ligue et résistance sur tous les points, qu'on sortira de cette infamie. »

pu aussi s'étonner de l'admiration enthousiaste de Renan pour l'Allemagne, en qui il voyait la patrie de cet idéalisme scientifique dont il se faisait l'apôtre. Augustin Thierry enfin était inquiet de voir son jeune ami dépenser d'un seul coup tout son capital intellectuel. Il lui persuada de le débiter en détail dans des articles donnés à la *Revue des Deux Mondes* et au *Journal des Débats*. C'est ainsi que Renan devint le premier de nos essayistes, et, dans des articles de critique littéraire et philosophique, mit en circulation, sous une forme légère, aisée, accessible à tous, ses idées les plus audacieuses et toutes les découvertes de la philologie comparée et de l'exégèse rationaliste. Ce sont ces essais, où son talent littéraire s'affina et s'assouplit et où le fonds le plus solide de pensées et de connaissances s'unissait à une virtuosité prestigieuse de style, qui ont formé les admirables volumes intitulés : *Essais de morale et de critique ; Études d'histoire religieuse ; Nouvelles études d'histoire religieuse*. Sa renommée littéraire grandissait rapidement, tandis que ses ouvrages d'érudition le faisaient entrer, dès 1856, à l'Académie des inscriptions, âgé seulement de trente-trois ans.

II

Depuis 1851, il était attaché à la Bibliothèque nationale, et cette place modeste, avec le revenu, de plus en plus important, de ses essais littéraires, lui avait permis de se marier en 1856. Il avait trouvé en mademoiselle Scheffer, fille du peintre Henry Scheffer et nièce du célèbre Ary Scheffer, une compagne capable de le comprendre et digne de l'aimer. Ce mariage faillit être dans sa vie l'occasion d'un nouveau drame intime. Depuis 1850, Ernest Renan vivait avec sa sœur Henriette; leur communauté de sentiments et de pensées s'était encore accrue par cette communauté d'existence et de labeur, et Henriette, qui pensait que son frère, en quittant l'Église pour la science, n'avait fait que changer de prêtrise, ne supposait pas que cette union pût jamais être dissoute. Quand son frère lui parla de ses intentions de mariage, elle laissa voir un si cruel trouble intérieur que celui-ci résolut de renoncer à un projet qui paraissait menacer le bonheur d'un être si dévoué et si cher. Mais alors ce fut mademoiselle Renan elle-même qui courut chez mademoiselle Scheffer la supplier de ne pas renoncer à son frère et qui hâta la conclusion d'une union dont l'idée seule l'avait bouleversée. Sa vie, du reste, ne fut pas séparée de celle de son frère. Elle s'attacha passionnément à ses enfants. Quand Ernest Renan partit en 1860 pour la Phénicie, chargé d'une mission archéologique, elle l'accompagna et y resta avec lui quand madame Renan dut rentrer en France. Ces quelques mois de vie à deux furent sa dernière joie. La fièvre les saisit l'un et l'autre à Beyrouth. Elle mourut, tandis que lui, terrassé par le mal, avait à peine conscience du malheur qui le frappait. Dans le petit opuscule biographique consacré à sa sœur Henriette, la plus belle de ses œuvres, et un des plus purs chefs-d'œuvre de la prose française, E. Renan a gravé pour la postérité l'image de cette femme supérieure et dit avec une éloquence poignante ce que sa perte fut pour lui.

III

Il rapportait de Syrie, non seulement les inscriptions et les observations archéologiques qu'il publia dans le volume de la *Mission de Phénicie,* paru de 1863 à 1874 par livraisons, mais aussi la première ébauche de sa *Vie de Jésus*, l'introduction de l'œuvre capitale de sa vie : l'*Histoire des origines du Christianisme*, qui forme sept volumes in-8°. Il avait déjà abordé dans ses essais un grand nombre de problèmes religieux et de questions de critique et d'exégèse sacrées, mais il ne voulait pas se borner à l'analyse et à la critique. Il voulait entreprendre quelque grand travail de synthèse et de reconstitution historiques. Les questions religieuses lui avaient toujours paru les questions vitales de l'histoire et celles où peuvent le mieux s'appliquer les deux qualités essentielles de l'historien : la pénétration critique et la divination imaginative qui ressuscite les civilisations et les personnages disparus. C'est au christianisme, c'est-à-dire au plus grand phénomène religieux de l'histoire, que Renan appliqua ses qualités d'érudit, de peintre et de psychologue. Il devait plus tard compléter son ouvrage en y ajoutant, pour introduction, une *Histoire d'Israël*, dont il a publié trois volumes et dont les deux derniers, achevés peu de temps avant sa mort, ont paru en 1893 et 1894.

L'apparition de la *Vie de Jésus* fut, non seulement un grand événement littéraire, mais un fait social et religieux d'une portée immense. C'était la première fois que la vie du Christ était écrite à un point de vue entièrement laïque, en dehors de toute conception supranaturaliste, dans un livre destiné, non aux savants et aux théologiens, mais au grand public. Malgré les ménagements infinis avec lesquels Renan avait présenté sa pensée, malgré le ton respectueux et attendri qu'il prenait en parlant du Christ, peut-être même à cause de ces ménagements et de ce respect, le scandale fut prodigieux. Le clergé sentit très bien que cette forme d'incrédulité qui s'exprimait avec la gravité de la science et l'onction de la piété, était bien plus redoutable que la raillerie voltairienne ; venant d'un élève des écoles ecclésiastiques, le sacrilège à ses yeux était doublé d'une trahison, l'hérésie aggravée d'une apostasie. Le gouvernement impérial, qui avait nommé en 1862 E. Renan professeur de philologie sémitique au Collège de France, eut la faiblesse de le révoquer en 1863, en présence des clameurs que souleva la *Vie de Jésus*. Il avait eu la naïveté de lui offrir, comme compensation, une place de conservateur à la Bibliothèque nationale.

Renan répondit au ministre, en style biblique : Garde ton argent *(Pecunia tua tecum sit)*; et, libre désormais de tout souci matériel, grâce au prodigieux succès de son livre, le « blasphémateur européen », comme l'appelait Pie IX, continua tranquillement son œuvre[1]. Ce ne fut qu'en 1870, quand l'Empire fut

1. Renan qui voulait faire de son cours un enseignement de pure philosophie, le reprit aussitôt chez lui pour ne pas en priver ses élèves. Il écrit le 25 septembre 1863 : « Je vais faire chez moi le cours que j'aurais fait au collège de France. Mon

tombé, que sa chaire lui fut rendue. Ses cours, commencés au milieu même du siège de Paris, ont toujours eu un caractère strictement scientifique et philologique qui en écartait le public frivole et ne les rendait accessibles qu'à un petit nombre de véritables élèves, alors qu'il lui était si aisé d'attirer la foule à ses cours, rien qu'en y professant ces livres avant de les publier; il dédaigna toujours ces succès faciles et ne songea qu'à faire progresser la science qu'il était chargé d'enseigner. Il devint, en 1883, l'administrateur respecté du grand établissement scientifique dont il avait été chassé comme indigne vingt ans auparavant. Lancé, par la publication de la *Vie de Jésus*, dans la lutte religieuse, attaqué avec violence par les uns, défendu et admiré avec passion par les autres, ayant à souffrir souvent de la vulgarité de certains admirateurs, E. Renan ne s'abaissa point à la polémique; il ne permit point que la sérénité de sa pensée fut altérée par ces querelles[1], et il continua à par-

cabinet est bien petit; quand il faudra j'en prendrai un autre. Je veux qu'aucune personne de celles qui ont vraiment besoin pour leurs travaux de cet enseignement, n'en soit privée. Je crois d'ailleurs l'expérience bonne à faire au point de vue de la liberté générale de l'enseignement. »

1. Il écrivait le 24 août 1863, au plus fort des attaques : « Ma

ler de l'Église catholique et du christianisme avec la même impartialité, je dirai plus, avec la même sympathie respectueuse et indépendante.

résolution de ne pas entrer dans tout ce bruit, les embarras du voyage, le bruit du vent et de la mer m'arrêtèrent...

» On a trouvé moyen de faire partir la calomnie de si bas, que pour la relever je serais obligé de me salir. Par caractère, je suis tout à fait indifférent à cela; je ne crois pas que cela fasse du tort au progrès des idées saines. »

IV

L'année 1870 marque une date importante dans la vie d'Ernest Renan. Ce fut encore une année de crise. L'Allemagne, qui avait été, au moment où il s'était émancipé de son éducation ecclésiastique, la seconde mère de son intelligence, l'Allemagne, dont il avait exalté si haut le caractère purement idéaliste, en qui il voyait la maîtresse du monde moderne en érudition, en poésie et en métaphysique, lui apparaissait maintenant sous une face nouvelle, froidement réaliste, orgueilleusement et brutalement conquérante. Comme il avait rompu avec l'Église, sans cesser de reconnaître sa grandeur et les services qu'elle avait rendus et qu'elle rendait encore au monde, il sentit, non sans douleur, se relâcher presque jusqu'à se briser le lien moral qui l'attachait à l'Allemagne, mais sans renier jamais la dette de reconnaissance contractée envers elle, sans chercher jamais à rabaisser ses mérites et ses vertus. On trouvera l'expression éloquente de ses sentiments dans ses lettres au docteur Strauss, écrites en 1871, dans son discours de réception à l'Académie française et dans sa lettre à un ami d'Allemagne de 1878. En même temps, une évolution se produisait dans ses conceptions politiques. Aristocrate par tempérament, monarchiste constitutionnel par raisonnement, il se trouvait appelé à vivre dans une société démocratique et républicaine. Convaincu que les grands mouvements de l'histoire ont leur raison d'être dans la nature même des choses et qu'on ne peut agir sur ses contemporains et son pays qu'en en acceptant les tendances et les conditions d'existence, il sut apprécier les avantages de la démocratie et de la République sans en méconnaître les difficultés et les dangers.

Ernest Renan était désormais en pleine possession de son génie, de son originalité, et en pleine harmonie avec son temps. — Émancipé de l'Église, il était l'interprète de la libre pensée sous sa forme la plus élevée et la plus savante dans un pays qui voyait dans le cléricalisme l'ennemi le plus redoutable de ses institutions nouvelles; émancipé de l'Allemagne, il avait trouvé dans les malheurs mêmes de la patrie un aliment et un aiguillon à son patriotisme, et il s'efforçait de faire de ses écrits l'expression la plus parfaite du génie français; émancipé de toute attache aux régimes politiques disparus, il pouvait donner à la France nouvelle les conseils et les avertissements d'un ami clairvoyant et d'un serviteur dévoué. Professeur au Collège de France, le seul établissement d'enseignement qui se soit conservé à travers les siècles, toujours semblable à lui-même dans son organisation comme dans son esprit, l'asile par excellence de la recherche libre et désintéressée, membre de l'Académie des inscriptions et de l'Académie française, ces créations de la monarchie réorganisées par la Révolution, l'une représentant l'érudition, l'autre le talent littéraire, Ernest Renan avait conscience que l'âme de la France moderne vivait en lui plus qu'en tout autre de ses contemporains. Il la laissa s'épanouir librement et se répandre au dehors, jouissant de cette popularité qui faisait de lui l'hôte le plus recherché des salons mondains, l'orateur préféré des assemblées les plus diverses, savantes ou frivoles, aristocratiques ou populaires, et la proie favorite des interviewers. Il répandait sans compter les trésors de son esprit, de sa science, de son imagination, de sa bonne grâce. Il osait dans ses écrits aborder tous les sujets et prendre tous les tons. Tout en continuant ses grands travaux d'histoire et d'exégèse, tout en traduisant Job, l'Ecclésiaste et le Cantique des Cantiques, tout en donnant à l'histoire littéraire de la France des notices qui sont des chefs-d'œuvre d'érudition sûre et minutieuse, tout en dressant chaque année, pour la Société asiatique, le bilan des travaux relatifs aux études orientales, tout en fondant et en dirigeant avec une activité admirable la difficile entreprise du *Corpus inscriptionum semiticarum*, qui sera son titre de gloire le plus incontestable au point de vue scientifique, il exposait ses vues et ses rêves sur l'univers et sur l'humanité, sur la vie et sur la morale, soit sous une forme plus austère dans ses *Dialogues philosophiques*, soit sous une forme plus légère et doucement ironique dans ses fantaisies dramatiques : *Caliban*, l'*Eau de Jouvence*, le *Prêtre de Némi*, l'*Abbesse de Jouarre ;* il travaillait à la réforme du haut enseignement ; il écrivait ces délicieux fragments d'autobiographie qu'il a réunis sous le titre de *Souvenirs d'enfance et de jeunesse.*

V

Dans cet épanouissement de toutes ses facultés pensantes et agissantes, favorisé par sa triple vie de savant, d'homme du monde et d'homme de famille, Ernest Renan se sentait heureux, et cette joie de vivre et d'agir lui avait inspiré un optimisme philosophique qui semblait, au premier abord, peu conciliable avec l'absence de toute certitude, de toute conviction métaphysique et religieuse. On était étonné et un peu scandalisé de voir l'auteur des *Essais de critique et de morale*, celui qui avait écrit des pages inoubliables sur l'âme rêveuse et mélancolique des races celtiques, qui avait condamné si sévèrement la frivolité de l'esprit gaulois et la théologie bourgeoise de Béranger, prêcher parfois un évangile de la gaîté que Béranger n'eût pas désavoué, considérer la vie comme un spectacle amusant dont nous sommes à la fois les marionnettes et les spectateurs, et dirigé par un Démiurge ironique et indifférent. A force de vouloir être de son temps et de son pays, tout connaître et tout comprendre, Renan semblait parfois montrer pour les défauts mêmes du caractère français une indulgence allant jusqu'à la complicité. Quand il disait qu'en théologie c'est M. Homais et Gavroche qui ont raison, et que peut-être l'homme de plaisir est celui qui comprend le mieux la vie, ses amis mêmes étaient froissés, moins dans leurs convictions personnelles que dans leur tendre admiration pour celui qui avait su parler de saint François d'Assise, de Spinoza et de Marc-Aurèle comme personne n'en avait parlé avant lui. Aux yeux de beaucoup de lecteurs, Renan, devenu l'apôtre du dilettantisme, ne voyait plus dans la religion que le vain rêve de l'imagination et du cœur, dans la morale qu'un ensemble de conventions et de convenances, dans la vie qu'une fantasmagorie décevante qui ne pouvait sans duperie être prise au sérieux. Ceux qui ne l'aimaient pas l'appelaient la Célimène ou l'Anacréon de la philosophie, et plusieurs de ceux qui l'aimaient pensaient que les succès mondains, le désir d'étonner et de plaire l'amenaient à ne plus voir, dans la discussion des plus graves problèmes de la destinée humaine, qu'un jeu d'artiste et un exercice littéraire.

Ceux toutefois qui connaissaient mieux son œuvre et surtout sa vie savaient que ce dilettantisme, cet épicuréisme et ce scepticisme apparents n'étaient point au fond de son cœur et de sa pensée, mais étaient le résultat de la contradiction intime qui existait entre sa nature profondément religieuse et sa conviction qu'il n'y a de science que des phénomènes, par suite, de certitude que sur les choses finies; ils comprenaient d'autre part qu'il était trop sincère pour vouloir rien affirmer sur ce qui n'est pas objet de connaissance positive. Il était trop modeste, trop ennemi de toute ombre de pose et de pharisaïsme pour se proposer en exemple et en règle, pour vanter, comme une supériorité, les vertus et les principes de morale qui faisaient la base même de sa vie. Sa vie, la disposition habituelle de son âme étaient celles d'un stoïcien, d'un stoïcien sans raideur et sans orgueil, qui ne prétendait point se donner en modèle aux autres. Son optimisme n'était point la satisfaction béate de l'homme frivole, mais l'optimisme volontaire de l'homme d'action qui pense que, pour agir, il faut croire que la vie vaut la peine d'être vécue et que l'activité est une joie. Personne n'était plus foncièrement bienveillant, serviable et bon qu'Ernest Renan, bien qu'il se soit accusé lui-même de froideur à servir ses amis. Personne n'a été plus scrupuleux observateur de ses devoirs, devoirs privés et devoirs professionnels, fidèle jusqu'à l'héroïsme aux consignes qu'il s'était données, n'acceptant aucune fonction sans en remplir toutes les obligations, s'imposant à la fin de sa vie les plus vives souffrances pour accomplir jusqu'au bout ses fonctions de professeur. Cet homme en apparence si gai avait depuis bien des années à supporter des crises de maux physiques très pénibles. Il ne leur permit jamais de porter atteinte à l'intégrité de sa pensée ni d'entraver l'accomplissement des tâches intellectuelles qu'il avait assumées. C'est dans les derniers mois de son existence que ce stoïcisme pratique se manifesta avec le plus de force et de grandeur. Il avait souvent exprimé le vœu de mourir sans souffrances physiques et sans affaiblissement intellectuel. Il eut le bonheur de conserver jusqu'au bout toutes ses facultés; mais les souffrances ne lui furent pas épargnées. Il les redoutait d'avance comme déprimantes et dégradantes; il ne se laissa ni déprimer ni dégrader par elles. Depuis le mois de janvier, il se savait perdu; il le disait à ses amis et ne demandait que le temps et les forces nécessaires pour achever son cours et ses travaux commencés. Il voulut aller encore une fois voir sa chère Bretagne; sentant son état s'aggraver, il tint à revenir à Paris à la fin de septembre, pour mourir à son poste, dans ce Collège de France dont il était administrateur. C'est là qu'il expira le 2 octobre. Pendant ces huit mois, il fut en proie à des douleurs incessantes, qui parfois lui ôtaient la possibilité même de parler; il resta cependant doux et tendre envers tous ceux qui l'approchaient, les encourageant et se disant heureux. Il leur répétait que la mort n'est rien, qu'elle n'est qu'une apparence, qu'elle ne l'effrayait pas. Le jour même de sa mort, il trouvait encore la force de dicter une page sur l'architecture arabe. Il se félicitait d'avoir atteint sa soixante-dixième année, la vie normale de l'homme suivant l'Écriture. Une de ses dernières paroles fut : « Soumettons-nous à ces lois de la nature dont nous sommes une des manifestations. La terre et les cieux demeurent. » Cette force d'âme, soutenue jusqu'à la dernière minute à travers des mois de souffrances continuelles, montre bien quelle était la sérénité de ses convictions et la profondeur de sa vie morale.

VI

Il a laissé un souvenir ineffaçable à ceux qui l'ont connu. Il n'avait rien dans son apparence extérieure qui, au premier abord, parût de nature à charmer. De petite taille, avec une tête énorme enfoncée dans de larges épaules, affligé de bonne heure d'un embonpoint excessif qui alourdissait sa marche et a été la cause de la maladie qui l'a emporté, il paraissait laid à ceux qui ne le voyaient qu'en passant. Mais il suffisait de causer un instant avec lui pour que cette impression s'effaçât. On était frappé de la puissance et de la largeur de son front; ses yeux pétillaient de vie et d'esprit et avaient pourtant une douceur caressante. Son sourire surtout disait toute sa bonté. Ses manières, où s'était conservé quelque chose de l'affabilité paternelle du prêtre, avec les gestes bénisseurs de ses mains potelées et le mouvement approbateur de sa tête, avaient une urbanité qui ne se démentait jamais et où l'on sentait la noblesse native de sa nature et de sa race. Mais ce qui ne saurait se dire c'est le charme de sa parole. Toujours simple, presque négligée, mais toujours incisive et originale, elle pénétrait et enveloppait à la fois. Sa prodigieuse mémoire lui permettait sur tous les sujets d'apporter des faits nouveaux, des idées originales ; et en même temps sa riche imagination mêlait à sa conversation, avec un tour souvent paradoxal, des élans de poésie, des rapprochements inattendus, parfois même des vues prophétiques sur l'avenir. Il était un conteur incomparable. Les légendes bretonnes, passant par sa bouche, prenaient une saveur exquise. Nul causeur, sauf Michelet, n'a su allier à ce point la poésie et l'esprit. Il n'aimait pas la discussion, et on a souvent raillé la facilité avec laquelle il donnait son assentiment aux assertions les plus contradictoires. Mais cette complaisance pour les idées d'autrui, qui prenait sa source dans une politesse parfois un peu dédaigneuse, ne l'empêchait pas, toutes les fois qu'une cause grave était en jeu, de maintenir très fermement son opinion. Il savait être ferme pour défendre ce qu'il croyait juste; il avait fait assez de sacrifices à ses convictions pour avoir le droit de ne pas se fatiguer dans des discussions inutiles. Il avait horreur de la polémique. Elle lui paraissait contraire à la politesse, à la modestie, à la tolérance, à la sincérité, c'est-à-dire aux vertus qu'il estimait entre toutes. Il savait, du reste, admirablement, par des comparaisons charmantes, exprimer les nuances les plus rares de ses sentiments. Un jour, dans un dîner d'amis, un convive, en vaine de paradoxe, soutenait que la pudeur est une convention sociale, un peu factice, qu'une jeune fille très pudique n'aurait aucune gêne à être nue si personne ne la voyait. « Je ne sais, dit Renan. L'Église enseigne qu'auprès de chaque jeune fille se tient un ange gardien. La vraie pudeur consiste à craindre d'offusquer même l'œil des anges. »

VII

Le moment n'est pas encore venu, je l'ai dit en commençant, d'apprécier l'œuvre et les idées d'Ernest Renan. Il est cependant impossible, après avoir dit ce que fut sa vie, de ne pas chercher à indiquer quelles ont été les causes de son immense renommée, quelle place il tient dans notre siècle, et en quoi il a mérité les honneurs exceptionnels que la France lui a rendus au moment de ses funérailles.

Il est un mérite que personne ne songe à lui contester, c'est d'avoir été le plus grand écrivain de son temps et un des plus admirables écrivains de la France de tous les temps. Nourri de la Bible, de l'antiquité grecque et latine et des classiques français, il avait su se faire une langue simple et pourtant originale, expressive sans étrangeté, souple sans mollesse, une langue qui, avec le vocabulaire un peu restreint du XVIIe et du XVIIIe siècles, savait rendre toutes les subtilités de la pensée moderne, une langue d'une ampleur, d'une suavité et d'un éclat sans pareils. Il y a chez Renan des narrations, des descriptions de paysages, des portraits qui resteront des modèles achevés de notre langue, et, dans ses morceaux philosophiques ou religieux, il est arrivé à rendre les nuances les plus délicates de la pensée, du sentiment ou du rêve. Chez lui la familiarité n'est jamais triviale ni la gravité jamais guindée. Si quelquefois, dans ses derniers écrits, le désir de se montrer moderne, l'effort pour faire comprendre le passé par des comparaisons avec les choses actuelles lui a fait commettre quelques fautes de goût, ces fausses notes sont rares, et la justesse du ton égale chez lui la délicate correction du style et l'art consommé de la composition. Renan durera comme écrivain plus qu'aucun des auteurs de notre siècle, parce qu'il a égalé les plus illustres par la puissance pittoresque de l'expression avec une simplicité plus grande de style et un sens artistique plus délicat.

Ce qui fait du reste la beauté et la richesse du style de Renan, c'est qu'il n'a jamais été ce qu'on appelle un styliste; il n'a jamais considéré la forme littéraire comme ayant sa fin en elle-même. Il avait horreur de la rhétorique et ne voyait dans la perfection du style que le moyen de donner à la pensée toute sa force, de la vêtir d'une manière digne d'elle. Tout était naturel chez lui. C'était la simplicité de sa nature qui se reflétait dans la simplicité de son style ; la richesse et l'éclat de son style venaient de la plénitude de sa science, de la puissance de son imagination et de l'abondance de ses idées.

Renan n'a pas été un créateur dans les études d'érudition; il n'a, ni en linguistique, ni en archéologie, ni en exégèse fait une de ces découvertes, créé un de ces systèmes qui renouvellent une science ; mais il n'est pas d'homme qui ait eu une érudition à la fois aussi universelle et aussi précise que la sienne : linguistique, littérature, théologie, philosophie, archéologie, histoire naturelle même, rien de ce qui touche à la science de l'homme ne lui est étranger. Ses travaux d'épigraphie et d'histoire littéraire sont admirables de méthode et de précision critique. Sa connaissance profonde du passé unie au don de le faire revivre par la magie de son talent littéraire a fait de lui un incomparable historien. C'est là sa gloire par excellence. Dans un siècle qui est avant tout le siècle de l'histoire, où les littératures, les arts, les philosophies, les religions nous intéressent surtout comme les manifestations successives de l'évolution humaine, Ernest Renan a eu au plus haut degré les dons et l'art de l'historien. Il est en cela un représentant éminent de son temps. On peut dire qu'il a élargi le domaine de l'histoire, car il y a fait entrer l'histoire des religions. Avant lui c'était un domaine réservé aux théologiens, qu'ils fussent du reste rationalistes ou croyants. Il a le premier traité cette histoire dans un esprit vraiment laïque et l'a rendue accessible au grand public. L'Église n'a pas eu tort de voir en lui le plus redoutable des adversaires. Malgré son respect, sa sympathie même pour les choses religieuses, il portait les coups les plus graves à l'idée de surnaturel et de révélation en faisant rentrer l'histoire des religions dans l'histoire générale de l'esprit humain. D'un autre côté, il répandait partout la curiosité des questions religieuses, et si les croyants ont pu l'accuser de profaner la religion, on peut à plus juste titre lui accorder le mérite d'avoir fait comprendre à tous l'importance de la science des religions pour l'intelligence de l'histoire et d'avoir éveillé dans beaucoup d'âmes le goût des choses religieuses.

De même qu'il n'a pas été un créateur dans le domaine de l'érudition, Renan n'a pas été non plus un novateur en philosophie. Ses études théologiques ont développé en lui les qualités du critique et du savant et l'ont dégoûté des systèmes métaphysiques. Il était trop historien pour voir dans ces systèmes autre chose que les rêves évoqués dans l'imagination des hommes par leur ignorance de l'ensemble des choses, les mirages successifs suscités dans leur esprit par le spectacle changeant du monde. Mais, s'il n'est pas un philosophe, il est un grand penseur. Il a répandu à pleines mains, dans tous ses écrits, sur tous les sujets, sur l'art comme sur la politique, sur la religion comme sur la science, les idées les plus originales et les plus profondes. C'est autant comme penseur que comme historien que Renan a été le fidèle interprète du temps où il a vécu. Notre époque a perdu la foi et n'admet d'autre source de certitude que la science, mais en même temps elle n'a pu se résoudre, comme le voudrait le positivisme, à ne pas réfléchir et à se taire sur ce qu'elle ignore. Elle aime à jeter la sonde dans l'océan sans fond de l'inconnaissable, à prolonger dans l'infini les hypothèses que lui suggère la science, à s'élever sur les ailes du rêve dans le monde du mystère. Elle a le sentiment que, sans la foi ou l'espérance en des réalités invisibles, la vie perd sa noblesse et elle éprouve pour les héros de la vie religieuse, pour les âmes mystiques du passé, un attrait et une tendresse faits de regrets impuissants et de vagues aspirations. Renan a été l'interprète de cet état d'âme et il a contribué à le créer. Personne, n'a plus nettement, plus sévèrement que lui affirmé les droits souverains de la science, seule source de certitude positive, la nécessité d'y chercher une base suffisante pour la vie sociale et la vie morale ; personne n'a plus résolument exclu le surnaturel de l'histoire. Mais en même temps il a pieusement recueilli tous les soupirs de l'humanité aspirant à une destinée plus haute que celle de la terre ; il a recréé en lui l'âme des fondateurs de religions, des saints et des mystiques ; il a proposé et s'est proposé à lui-même toutes les hypothèses que la science peut permettre encore à l'âme religieuse. Chose curieuse, ce sont trois Bretons, trois fils de cette race celtique sérieuse, curieuse et mystique, qui ont en France représenté tout le mouvement religieux du siècle : Châteaubriand, le réveil du catholicisme par la poésie et l'imagination ; Lamennais, la reconstitution du dogme, puis la révolte de la raison et du cœur contre une église fermée aux idées de liberté et de démocratie ; Renan, le positivisme scientifique uni au regret de la foi perdue et à la vague aspiration vers une foi nouvelle.

Ce qu'on a appelé son dilettantisme et son scepticisme n'est que la conséquence de sa sincérité. Il avait également peur de tromper et d'être dupe, et il ne craignait pas de proposer des hypothèses contradictoires sur des questions où il croyait la certitude impossible.

C'est là ce qu'il faut se rappeler pour comprendre ce qui, dans son œuvre historique, peut au premier abors paraître entaché d'inconsistance et de fantaisie. On l'a accusé de dédaigner la vérité, de tout sacrifier à l'art, de mettre toute la critique historique dans le talent « de solliciter doucement les textes ».

Il faut l'avoir peu ou mal lu pour le juger ainsi. Il a eu simplement la sincérité de reconnaître que, dans des œuvres de synthèse, on ne peut appliquer partout la même méthode. Quand on doit raconter une période ou la biographie d'un personnage pour lesquelles les documents positifs font défaut, l'histoire a le droit de reconstituer par divination « une des manières dont les choses ont pû être ». Renan a toujours averti quand il procédait ainsi, qu'il s'agit des origines d'Israël, de la vie du Christ[1] ou de celle de Bouddha. Mais, quand il s'agit de décrire le milieu social et intellectuel où s'est développé le christianisme, ou d'étudier les œuvres des hommes du moyen âge, ou d'établir des textes, il a été le plus scrupuleux comme le plus pénétrant des critiques. Personne n'a mieux parlé que lui des

1. Voici en quels termes il défendait, le 28 août 1863, son procédé de reconstitution historique : « Je ne crois pas que cette façon de tâcher de reconstituer les physionomies originales du passé, soit si arbitraire que vous semblez le croire. Je n'ai pas vu le personnage ; je n'ai pas vu sa photographie ; mais nous avons une foule de détails de son signalement. Tâcher de grouper cela en quelque chose de vivant, n'est pas si arbitraire que le procédé tout idéal de Raphaël ou du Titien. Quant au charme de Jésus, il a dû principalement se distinguer par là, bien plus que par la raison ou même par la grandeur. Ce fut avant tout un charmeur... »

règles et des devoirs de la philologie ; personne ne les a mieux pratiqués.

On a pu s'étonner que le même homme qui a voulu qu'on mît sur sa tombe : *Veritatem dilexit*, se soit si souvent demandé, comme Pilate : « Qu'est-ce que la vérité ? » Mais ces interrogations, mêlées d'ironie, étaient elles-mêmes un hommage rendu à la vérité[1]. Il voyait que, pour la plupart des hommes, aimer la vérité c'est aimer, jusqu'à l'intolérance, jusqu'au fanatisme, des opinions particulières, reçues par tradition ou conçues par l'imagination, toujours dépourvues de preuves et destructives de toute liberté de penser. Affirmer des opinions qu'il ne pouvait prouver lui paraissait un orgueil intolérable, une atteinte à la liberté de l'esprit, un défaut de sincérité envers soi-même et envers les autres ; et il se rendait le témoi-

1. Il eut dès l'origine ces délicats scrupules de conscience. Il écrivait en 1853 à un ami spiritualiste : « Vous savez que sur les choses divines, je suis un peu hésitant... J'accepte de tous points votre morale ; j'y trouve la plus parfaite expression de ma manière de sentir sur ce point... En général, vous portez dans votre langage métaphysique, plus de détermination que moi ; j'ai un peu moins de confiance dans la compétence du langage humain pour exprimer l'ineffable... En même temps que je désirerais introduire le *devenir* dans l'être universel, je sens l'absolue nécessité de lui accorder la conscience permanente. Il y a là un mystère dont je n'entrevois pas la solution. »

gnage de n'avoir jamais fait un mensonge consciemment, bien plus, d'avoir eu le courage dans ses écrits de dire toujours tout ce qu'il pensait. Il voyait du stoïcisme et non du scepticisme à pratiquer le devoir sans savoir s'il a une réalité objective, à vivre pour l'idéal sans croire à un Dieu personnel ni à une vie future, et, dans les ténèbres d'incertitude où l'homme vit ici-bas, à créer, par la coopération des âmes nobles et pures, une cité céleste où la vertu est d'autant plus belle qu'elle n'attend pas de récompense. Quelques-uns des contemporains de Renan se sont crus ses disciples parce qu'ils ont imité les chatoiements et les caresses de son style, ses ironies et ses doutes. Ils se sont gardés d'imiter ses vertus, son colossal labeur et son dévouement à la science. Ils n'ont pas compris que son scepticisme était fait de tolérance, de modestie et de sincérité.

Ceux qui liront l'*Avenir de la science*, écrit à vingt-cinq ans, et qui verront les liens intimes qui rattachent ce livre à l'œuvre tout entière de Renan, diront, eux aussi, en contemplant cette longue vie si bien remplie : *Veritatem dilexit.*

Si nous nous demandons maintenant ce qui

caractérise Renan parmi les grands écrivains et les grands penseurs, on trouvera que sa supériorité réside dans le don particulier qu'il a possédé de comprendre l'histoire et la nature dans leur variété infinie. On l'a comparé à Voltaire, parce que Voltaire, comme lui, a été le représentant de son siècle, mais Voltaire n'avait ni sa science ni son originalité de pensée et de style ; on l'a comparé à Gœthe, mais Gœthe est avant tout un artiste créateur, et son horizon intellectuel, si vaste qu'il fût, ne pouvait avoir, au temps où il a vécu, l'étendue de celui de Renan. Aucun cerveau n'a été plus universel, plus compréhensif que celui de Renan.

La Chine, l'Inde, l'antiquité classique, le moyen âge, les temps modernes avec leurs perspectives infinies sur l'avenir, toutes les civilisations, toutes les philosophies, toutes les religions, il a tout connu, tout compris. Il a recréé l'univers dans sa tête, il l'a repensé, si l'on peut dire, et même de plusieurs manières différentes. Ce qu'il avait ainsi conçu et contemplé intérieurement, il avait le don de le communiquer aux autres sous une forme enchanteresse.

Cette puissance de contemplation créatrice

de l'univers, qui est proprement un privilège de la divinité, a été la principale source de la joie qui a illuminé sa vie et de la sérénité avec laquelle il a accepté la mort.

Octobre 1892.

HIPPOLYTE TAINE

On ne s'est pas proposé dans les pages qu'on va lire d'analyser l'œuvre de Taine ni de la juger. Elle est trop connue pour avoir besoin d'être analysée, et trop récente pour pouvoir être jugée.

Nous nous sommes uniquement proposé de fixer avec autant de précision que possible les traits essentiels de la biographie de Taine et le caractère général de son œuvre. Sa vie est peu et mal connue. Il s'est efforcé de dérober sa personne à la curiosité des contemporains et de mettre scrupuleusement en pratique le précepte : « Cache ta vie et répands ton esprit. » La connaissance de sa vie n'est pourtant pas inutile pour comprendre son esprit, et, s'il se trouve qu'en voulant écrire sa biographie nous n'y découvrions d'autres aventures que des aventures intellectuelles, ce résultat même ne sera pas sans importance [1].

1. Nous devons à des communications d'un prix inestimable et dont nous sommes profondément reconnaissant d'avoir pu donner à cette étude l'attrait de l'inédit.

Nous exprimons notre gratitude à madame Taine, qui a bien voulu nous communiquer les lettres de Taine à Paradol et qui nous a guidé dans toutes nos recherches; à M. Louis Havet, qui a mis à notre disposition seize lettres adressées par Taine à M. Ernest Havet; à M. Paul Dupuy, qui a consulté pour nous les archives de l'École normale. On lira avec fruit les articles sur Taine publiés, en 1893, par M. E. Boutmy dans les *Annales de l'École des sciences politiques*, par M. Th. Froment dans le *Correspondant*, par M. Faguet dans sa *Revue bleue*. M. A. de Margerie a consacré à Taine un livre sérieux et respectueux où il cherche à démontrer que Taine revenait dans ses dernières années aux idées conservatrices et catholiques.

I

LA VIE DE TAINE. — LES ANNÉES D'APPRENTISSAGE.

Hippolyte Taine naquit à Vouziers le 21 avril 1828. Son père, M. Jean-Baptiste Taine, y exerçait la profession d'avoué. Il resta jusqu'à l'âge de onze ans dans la maison paternelle, apprenant le latin avec son père, tout en suivant les cours d'une petite école, dirigée par un M. Pierson. Il avait déjà, à l'âge de dix ans, un tel sérieux dans le caractère et une telle solidité dans l'esprit, qu'il arriva à M. Pierson, empêché par une indisposition, de se faire remplacer, pendant quelques jours, par le petit Taine. Son père étant tombé gravement malade en 1839, il fut envoyé dans un pensionnat ecclésiastique de Rethel. Il n'y resta que dix-huit mois. M. J.-B. Taine mourut le 8 septembre 1840, laissant à sa veuve, à ses deux filles et à son fils, une modeste fortune[1]. Il fallait songer à placer le jeune garçon dans un milieu où il pût satisfaire son goût pour l'étude et développer les rares qualités qu'il avait déjà manifestées. Sur les conseils du frère de sa mère, M. Bezançon, notaire à Poissy, qui montra toujours beaucoup de sollicitude pour son neveu, il fut envoyé à Paris, au printemps de 1841, et entra comme interne à l'institution Mathé, dont les élèves suivaient les classes du collège Bourbon. Mais la santé délicate et l'esprit méditatif et indépendant du jeune Taine se trouvèrent également mal de ce régime de l'internat qu'il a qualifié dans une des dernières pages qu'il ait écrites de « régime

1. On a souvent dit et écrit que Taine dans sa jeunesse avait connu la gêne, sinon la misère. On a été jusqu'à attribuer sa mauvaise santé aux privations de ses années d'étude. Rien de plus inexact. Taine a toujours été délicat; le travail seul a contribué à altérer sa santé et il n'a jamais senti peser sur lui le fardeau des nécessités matérielles. Même si son indépendance de pensée n'avait pas été garantie par son indépendance de caractère, elle l'eût été par son indépendance de fortune. Sans doute il a regardé comme un devoir de se suffire à lui-même pour ne pas être à charge à sa mère, mais il n'a jamais écrit une ligne, ni donné une leçon par besoin d'argent.

antisocial et antinaturel », où le collégien, privé de toute initiative, « vit comme un cheval attelé entre les deux brancards de sa charrette ». Madame Taine se décida aussitôt à venir vivre à Paris avec ses filles et à prendre son fils chez elle. Alors commença, pour ne plus cesser jusqu'au mariage de Taine, sauf pendant ses trois années d'École normale et les deux qui suivirent, cette vie commune où le plus tendre et le plus attentif des fils trouvait dans sa mère, comme il l'a dit lui-même, « l'unique amie qui occupait la première place dans son cœur ». « La vie de ma mère, écrivait-il en 1879, n'était que dévouement et tendresse... aucune femme n'a été mère si profondément et si parfaitement. » Ceux qui savent combien Taine avait besoin de ménagements et de soins pour que sa nature nerveuse trop sensible pût résister et à l'excès de l'activité cérébrale et aux froissement de la vie, songent avec reconnaissance aux bienfaisantes influences féminines qui, d'abord au foyer maternel, puis au foyer conjugal, ont assuré le libre développement de son génie, l'ont protégé contre les atteintes trop rudes de la réalité, ont entouré son travail de paix et de sécurité, ont allégé les heures, pénibles entre toutes, où ce grand laborieux était contraint de laisser reposer sa plume et son cerveau. Nous leur devons aussi, peut-être, ce qui se mêle de grâce attendrie et poétique, de profonde humanité, aux rigides déductions de cet austère dialecticien.

Le jeune Taine ne tarda pas à prendre, au collège Bourbon, le premier rang. Dès l'âge de quatorze ans, il s'était fait à lui-même le plan de ses journées et l'observait avec une méthode rigoureuse. Il s'accordait vingt minutes de repos et de jeu en rentrant de la classe du soir, et une heure de piano après le dîner; tout le reste du jour était donné au travail. Il refusait toute distraction mondaine et poursuivait des études personnelles à côté de ses occupations de collégien. Chaque année, au moment du concours général, il fallait lui mettre des sangsues à la tête pour éviter le danger d'une congestion cérébrale. Des succès exceptionnels récompensèrent ces efforts. En 1847, comme vétéran de rhétorique, il remportait au collège les six premiers prix et au concours général, le prix d'honneur et trois accessits; en philosophie, il obtenait au collège tous les premiers prix, aussi bien les trois prix de sciences que les deux prix de dissertation, et au concours les deux seconds prix de dissertation.

Taine fit au collège Bourbon la connaissance de plusieurs camarades dont l'amitié devait avoir une durable influence sur sa vie : Prévost-Paradol, qui se décida, sur ses instances, à entrer à l'École normale, et qui fut pendant plusieurs années l'intime confident de sa pensée ; Planat, le futur Marcelin de la *Vie Parisienne*, qui cachait, sous la fantaisie du caricaturiste, un esprit sérieux jusqu'à la tristesse et passionné pour les plus graves problèmes de la philosophie, et par qui Taine apprit plus tard à connaître le monde des artistes et la société élégante[1]; Cornélis de Witt, qui éprouvait comme Taine un vif attrait pour l'étude de la langue et de la littérature anglaises et qui l'introduisit chez M. Guizot, quand celui-ci revint d'Angleterre en 1849. Guizot se prit de sympathie et d'estime pour le jeune universitaire, vers qui l'attiraient, en dépit de profondes divergences philosophiques, de secrètes affinités morales et intellectuelles. Il lui donna des preuves constantes de cette sympathie dans les concours

1. On trouvera un article sur Marcelin dans les *Derniers essais de critique et d'histoire.*

académiques, et Taine consacra un de ses plus beaux essais de critique à l'auteur de l'*Histoire de la Révolution d'Angleterre* [1].

L'enseignement public était la carrière qui s'offrait le plus naturellement à Taine après ses brillants succès scolaires. En 1848, il passa ses deux baccalauréats ès-lettres et ès-sciences et fut reçu le premier à l'École normale. Il y voyait entrer avec lui presque tous ses rivaux des concours de 1847 et de 1848 : About, reçu second, Sarcey, Libert, Suckau, Albert, Merlet, Lamm, Ordinaire, Barnave, etc.

Je n'aurai pas la témérité de refaire, après M. Sarcey [2], le tableau de ce que fut l'École normale sous la seconde République, pendant ces années d'agitation tumultueuse où l'enseignement des professeurs, distribué avec un zèle inégal, n'exerçait qu'une faible influence, mais où l'activité intellectuelle des élèves, fécondée par les conversations, les discussions, les lectures, les études personnelles, n'en était que plus intense. Je me contenterai de rappeler combien nombreux furent les camarades de Taine qui se firent un nom dans l'ensei-

1. *Revue de l'Instruction publique*, 6 juin 1856; réimprimé dans les *Essais de critique et d'histoire*.

2. *Souvenirs de jeunesse*.

gnement, les lettres, le journalisme, le théâtre, la politique ou même l'Église. A côté de ceux que je citais tout à l'heure, qu'il me suffise de nommer Challemel-Lacour, Chassang, Assolant, Aubé, Perraud, Ferry, Weiss, Yung, Belot, Gaucher, Gréard, Prévost-Paradol, Levasseur, Villetard, Accarias, Boiteau, Duvaux, Crouslé, Lenient, Tournier.

Taine eut, dès le premier jour, une place à part au milieu d'eux. Non qu'il cherchât à se singulariser ou à faire sentir sa supériorité; ses maîtres et ses camarades s'accordent à vanter sa douceur, sa modestie, sa complaisance, sa gaieté; mais il inspirait, par son caractère et par son intelligence, un sentiment que des jeunes gens, enfermés dans une école, éprouvent rarement pour un compagnon d'études: un respect affectueux. On sentait confusément qu'il y avait en lui quelque chose de particulier, d'unique, qui le mettait à part et au-dessus de tous. Il arrivait à l'École avec une érudition auprès de laquelle tous se sentaient des ignorants, et pourtant on voyait ce *grand bûcheron*, pour me servir de l'expression d'About, peiner comme s'il avait tout à apprendre. Il joignait à une rigoureuse méthode dans son infatigable labeur, une facilité merveilleuse en latin comme en français, en vers comme en prose, qui lui permettait d'expédier en une quinzaine tous les travaux du trimestre, sans qu'aucun pourtant parût négligé, et encore de fournir des faits, des plans de devoirs et des idées à tous ceux de ses camarades qui venaient le *feuilleter*, comme ils disaient, sans jamais lasser sa patience. Enfin, on s'étonnait de le voir apporter, au sortir du collège, un esprit tout formé et des doctrines arrêtées, mûries par l'étude et la réflexion personnelles. Il avait déjà, quand il suivait à Bourbon le cours de philosophie de M. Bénard, un système du monde tout pénétré de déterminisme spinoziste, et surtout une manière, qui lui était propre, de classer ses idées et de les exprimer avec une rigueur presque mathématique. Il avait à l'École des registres où ses réflexions, ses lectures, ses conversations, venaient se condenser dans des analyses qui avaient pour objet de reconstruire *a priori* la réalité, de ramener à une formule simple un système, une époque, un caractère, et de découvrir les lois génératrices des organismes complexes et vivants. On sentait en lui un observateur et un juge. Il avait trop de bonhomie et de modestie pour qu'on se sentit gêné devant lui; mais on était subjugué par cette force de réflexion et de pensée, par cette pénétration critique d'une clairvoyance impitoyable, bien qu'exempte de malveillance et d'ironie. Dans les premiers temps, About menait toute la section par sa verve endiablée, par son esprit railleur toujours en éveil; il était *l'absorbant*, comme on disait, et les autres les *absorbés;* mais bientôt About subit l'ascendant irrésistible de ce logicien pressant, doux et obstiné, et l'on déclara qu'il fallait le ranger désormais parmi les *absorbés* de ce nouvel et plus puissant *absorbant*.

Personne n'a jamais joui du séjour à l'École normale au même degré que Taine. Il éprouva jusqu'à l'enivrement le plaisir de sentir autour de soi « des esprits hardis, ouverts, jeunes, excités par des études et un contact perpétuels [1] », et le plaisir de travailler, de penser et de discuter sans entrave et sans trêve.

« J'ai un encombrement de travaux de toute sorte, écrit-il à Paradol, le 20 mars 1849. Compte d'abord les devoirs officiels exigés de grec, philosophie, histoire, latin, français;

1. Lettre à Paradol du 30 octobre 1851.

ensuite la préparation à la licence et la lecture d'environ trente ou quarante auteurs difficiles que nous aurons à expliquer à ce moment, et enfin toutes mes études particulières de littérature, d'histoire, de philosophie. Tout cela marche de front, et j'ai toujours une quantité de choses sur le métier. Je me suis fait un grand plan d'étude et je destine mes trois années d'École à le remplir en partie; plus tard, je le compléterai. Je veux être philosophe et, puisque tu entends maintenant tout le sens de ce mot, tu vois quelle suite de réflexions et quelle série de connaissances me sont nécessaires. Si je voulais simplement soutenir un examen ou occuper une chaire, je n'aurais pas besoin de me fatiguer beaucoup; il me suffirait d'une certaine provision de lectures et d'une inviolable fidélité à la doctrine du maître, le tout accompagné d'une ignorance complète de ce que sont la philosophie et la science modernes; mais comme je me jetterais plutôt dans un puits que de me réduire à faire uniquement un métier, comme j'étudie par besoin de savoir et non pour me préparer un gagne-pain, je veux une instruction complète. Voilà ce qui me jette dans toutes sortes de recherches et me forcera, quand je sortirai de l'École, à étudier en outre les sciences sociales, l'économie politique et les sciences physiques; mais ce qui me coûte le plus de temps, ce sont les réflexions personnelles; pour comprendre, il faut trouver; pour croire à la philosophie, il faut la refaire soi-même, sauf à trouver ce qu'ont déjà découvert les autres. »

On s'étonne que sa santé, toujours délicate, ait pu résister à un pareil surmenage. Ses lectures étaient prodigieuses. Il dévorait Platon, Aristote, les Pères de l'Église, les scholastiques, et toutes ses lectures étaient analysées, résumées, classifiées. Bien qu'à cette époque les élèves de philosophie fussent dispensés de suivre les conférences d'histoire en seconde année, Taine non seulement les suivait, mais encore apportait à M. Filon un travail approfondi sur les Décrets du Concile de Trente. Possédant déjà à fond l'anglais, il s'était mis avec ardeur à l'allemand, pour lire Hegel dans le texte. Dans ses délassements mêmes, l'étude et la réflexion avaient leur part. En causant avec ses camarades, il analysait leur caractère et leur manière de penser; « il nous exprimait comme des oranges », m'a dit l'un d'eux. Il faisait de fréquentes visites à l'infirmerie, où il avait l'autorisation de prendre ses repas le vendredi, étant dispensé du maigre pour raison de santé; mais c'était surtout pour y retrouver deux philosophes qui y avaient élu domicile : Challemel-Lacour et Charaux, l'un, libre-penseur et républicain fougueux, l'autre, croyant candide et paisible; ou pour y soutenir des discussions courtoises avec l'abbé Gratry, aumônier de l'École, ou pour y causer avec le jeune médecin, M. Guéneau de Mussy. Passionné pour la musique, il passait ses matinées du dimanche à exécuter des trios avec Rieder et Quinot, qui tenaient le violon et le violoncelle pendant que lui-même était au piano. Il avait déjà pour Beethoven cet enthousiasme religieux qui lui a inspiré les admirables pages par lesquelles se termine *Thomas Graindorge.* Il retrouvait dans les sonates de Beethoven cette puissance de construction qui était à ses yeux la marque suprême du génie. « C'est beau comme un syllogisme », s'écriait-il après avoir joué une sonate. Enfin, quand il allait retrouver sa mère et ses sœurs, qui étaient restées à Paris, il arrivait tout rempli de ses lectures et de ses pensées et leur donnait de véritables leçons, soit sur la philosophie, soit sur la littérature, en particulier sur les trois écrivains qui étaient alors et qui sont restés depuis ses auteurs de prédilection : Stendhal, Balzac et Musset.

Ses rares qualités d'esprit, sa prodigieuse ardeur au travail, avaient mis Taine hors de pair. Ses professeurs de seconde et de troisième année, MM. Deschanel, Géruzez, Berger, Havet, Filon, Saisset, Simon, étaient unanimes à louer (je me sers de leurs propres expressions), l'élévation, la force, la vigueur, la pénétration, la netteté, la souplesse, la fertilité de son esprit, la forme toujours littéraire de ses travaux, son talent d'exposition, l'autorité de sa parole, son élocution facile et brillante. Ils voyaient en lui plus qu'un élève, un savant qui devait un jour faire honneur à l'École. Ils éprouvaient pour lui ce même sentiment de respect qu'il inspirait à ses camarades, et ne pouvaient s'empêcher de mêler à leurs notes sur ses devoirs, des appréciations élogieuses sur ses qualités morales, sa tenue excellente, la gravité de son caractère. Ils étaient en même temps d'accord pour critiquer chez lui un goût immodéré pour les classifications, les abstractions et les formules. L'un d'eux lui reprochait même des opinions et des habitudes de méthode et de style qui ne pouvaient convenir à un professeur de philosophie. Mais il le louait de sa docilité et il se flattait de l'avoir mis sur la bonne voie et de lui avoir enseigné la simplicité et la circonspection [1].

Le Directeur des études, M. Vacherot, à qui

1. Voici le texte complet de cette note de M. J. Simon, note du dernier trimestre de la troisième année : « M. Taine est un esprit distingué qui, tôt ou tard, fera honneur à l'École par des publications d'un ordre sérieux. Son travail de toute l'année a été opiniâtre. Je l'ai trouvé, au commencement, dans un courant d'opinions et dans des habitudes de méthode et de style que je ne pouvais approuver. *Il a fallu lutter pendant plusieurs mois, mais enfin j'ai obtenu de lui la plus grande docilité sous tous les rapports* et, à partir de ce moment, ses progrès ont été considérables. Je crois l'avoir mis sur la bonne voie, et, en tout cas, lui avoir fait comprendre la véritable situation d'un professeur de philosophie. M. Taine, dans sa tenue et dans sa conduite, sera partout irréprochable. Il aura de l'autorité sur ses élèves. Il a, dès à présent, un véritable talent d'exposition. Je souhaite qu'il reste fidèle aux habitudes de simplicité et de circonspection que je me suis efforcé de lui donner, et je l'espère. »

M. Saisset disait de son côté : « M. Taine a déployé dans les expositions orales un esprit net, souple, fertile en ressources, parfaitement doué pour l'enseignement. Dans l'épreuve des dissertations écrites, M. Taine est encore au premier rang par le nombre et le mérite de ses travaux. J'ai cru y reconnaître un désir sincère et un effort énergique pour se corriger de son défaut principal, qui est un goût excessif pour l'abstraction. Ses dernières compositions montrent un sentiment plus vif de l'observation et de la réalité des choses, et le style a perdu sa raideur et sa sécheresse pour acquérir du mouvement, de l'animation et une certaine élégance. M. Taine a besoin d'être encouragé et tenu en bride. Il est l'espoir du prochain concours. »

Taine devait rendre un si bel hommage en traçant dans ses *Philosophes français* le portrait de M. Paul, le jugeait dès la seconde année avec une clairvoyance vraiment prophétique, dans une note qui mérite d'être citée en entier, car elle nous montre avec quelle conscience, quelle élévation et quelle pénétration d'esprit M. Vacherot remplissait ses fonctions :

« L'élève le plus laborieux, le plus distingué que j'aie connu à l'École. Instruction prodigieuse pour son âge. Ardeur et avidité de connaissances dont je n'ai pas vu d'exemple. Esprit remarquable par la rapidité de conception, la finesse, la subtilité, la force de pensée. Seulement comprend, conçoit, juge et formule trop vite. Aime trop les formules et les définitions auxquelles il sacrifie trop souvent la réalité, sans s'en douter il est vrai, car il est d'une parfaite sincérité. Taine sera un professeur très distingué, mais de plus et surtout un savant de premier ordre, si sa santé lui permet de fournir une longue carrière. Avec une grande douceur de caractère et des formes très aimables, une fermeté d'esprit indomptable, au point que personne n'exerce d'influence sur sa pensée. Du reste, il n'est pas de ce monde. La devise de Spinoza sera la sienne : *Vivre pour penser*. Conduite, tenue excellente. Quant à la moralité, je crois cette nature d'élite et d'exception, étrangère à toute autre passion qu'à celle du vrai. Elle a ceci de propre qu'elle est à l'abri même de la tentation. Cet élève est le premier, à une grande distance, dans toutes les conférences et dans tous les examens. »

Celui qui savait ainsi connaître et comprendre les jeunes gens confiés à ses soins, était plus qu'un directeur d'études, c'était un directeur d'âmes. Aussi l'abbé Gratry voyait-il avec jalousie l'ascendant qu'il avait pris sur les élèves. On sait l'issue de la lutte. M. Vacherot fut mis en disponibilité le 29 juin 1851. Quelques semaines plus tard, Taine subissait à son tour un douloureux échec causé par l'ensemble exceptionnel de qualités et de défauts qui faisait sa rare originalité et que M. Vacherot avait si admirablement analysé.

Au mois d'août 1851, il se présentait à l'agrégation de philosophie avec ses camarades Édouard de Suckau, un de ses meilleurs amis, et Cambier, qui abandonna peu après l'Université pour devenir missionnaire en Chine, où il périt martyr en 1866. Le jury était présidé par M. Portalis, un honorable magistrat, et composé de MM. Bénard, Franck, Garnier, Gibon et l'abbé Noirot. Taine fut déclaré admissible avec cinq autres concurrents ; mais deux candidats seuls furent définitivement reçus : son ami Suckau, et Aubé, qui était de la promotion de 1847. L'étonnement, je dirais presque le scandale, fut grand. La réputation du jeune philosophe avait franchi les murs de l'École. Tout le monde lui décernait d'avance la première place. On attribua son échec, non à l'insuccès de ses épreuves, mais à une exclusion motivée par ses doctrines. Des légendes se formèrent. Beaucoup de gens crurent et répétèrent que c'était M. Cousin qui présidait le jury et qu'il avait dit de Taine : « Il faut le recevoir premier ou le refuser; or il serait scandaleux de le recevoir premier. » On rejeta aussi sur son concurrent Aubé la responsabilité de son échec. Après une leçon de Taine sur le *Traité de la connaissance de Dieu*, de Bossuet, Aubé, chargé d'argumenter contre lui, l'aurait perfidement pressé de dire son avis sur la valeur des preuves classiques de l'existence de Dieu. L'embarras et finalement le silence de Taine auraient entraîné sa condamnation.

Ce qui confirma tous les soupçons, c'est que le rapport de M. Portalis fut le seul des rapports des présidents des jurys d'agrégation qui ne fut pas publié. Une note de la *Revue de l'instruction publique* annonça qu'il était fort long, et, qu'en tout état de cause, la première partie seule serait rendue publique [1]. Il n'est pas sans intérêt de rétablir sur ces divers points l'exacte vérité. Non seulement M. Cousin n'était pour rien dans l'échec de Taine, mais il s'en montra fort mécontent. Il était assez clairvoyant pour pressentir qu'une réaction se préparait contre l'éclectisme et pour deviner un redoutable adversaire dans ce jeune homme aussi absorbé dans ses spéculations qu'avaient pu l'être Descartes ou Spinoza. M. Aubé, malgré la malice trop réelle de ses questions, n'avait pas davantage causé l'échec de son camarade, car Taine avait eu la note maximum 20 pour sa leçon et son argumentation sur Bossuet. La vérité est que ses juges avaient sincèrement

1. Ce rapport n'a pu être retrouvé ni au ministère de l'Instruction publique, ni aux Archives nationales ; les dossiers de Taine ont également disparu. On trouvera, dans le beau livre de M. Griard sur *Prévost-Paradol* (Paris, 1894), une lettre de Paradol du 7 septembre 1851, où il raconte en détail les péripéties de l'examen, et une protestation contre le jugement du jury parue dans la *Liberté de Penser*, t. VIII, p. 600.

trouvé ses idées déraisonnables, sa manière d'écrire et sa méthode d'exposition sèches et fatigantes. Ils le déclarèrent non seulement incapable d'enseigner la philosophie, mais même peu fait pour réussir dans un concours d'agrégation.

Il est permis de penser que les appréciations de MM. Vacherot, Simon et Saisset témoignaient de plus de perspicacité; mais à une époque où M. Cousin croyait avoir donné à la pensée humaine sa Charte définitive, et où la forme nécessaire de l'enseignement philosophique paraissait être le développement oratoire d'affirmations religieuses et morales dites vérités de sens commun, on ne doit pas s'étonner si un esprit qui se déclarait lui-même « desséché et durci par plusieurs années d'abstrations et de syllogismes », parut impropre à l'enseignement de la philosophie. Aux épreuves écrites il avait eu à traiter le sujet suivant de philosophie doctrinale : « *Des facultés de l'âme. — Démonstration de la liberté. — Du moi, de son identité, de son unité.* » Il était difficile pour lui de tomber plus mal. Incapable d'affirmer ce qu'il ne croyait pas vrai, il a dû scandaliser ses juges ou leur paraître très obscur. En tout cas, il ne leur a pas fourni les démonstrations péremptoires qu'ils réclamaient. Le sujet d'histoire de la philosophie était : « *Socrate d'après Xénophon et Platon.* » Ici nous pouvons dire presque avec certitude, grâce à un travail d'école, quelle idée il a développée : c'est que Xénophon était condamné à l'inexactitude par son infériorité et Platon par sa supériorité, si bien que nous ne connaissons pas Socrate. Cette composition ne fut pas goûtée plus que l'autre par la majorité du jury, et sans M. Bénard, son ancien professeur de Bourbon, qui fit relever ses notes, il n'aurait pas été déclaré admissible. Aux épreuves orales, sa première leçon semblait devoir le sauver; la seconde le perdit. Il avait à exposer le plan d'une morale. Il oublia complètement les leçons de circonspection que lui avait données M. J. Simon et il prit comme thème les propositions hardies de Spinoza : « Plus quelqu'un s'efforce de conserver son être, plus il a de vertu; plus une chose agit, plus elle est parfaite. » *Être le plus possible*, telle fut la formule générale que Taine proposa comme la règle du devoir. On imagine aisément de quelle manière il développa cette pensée, car on retrouve ces développements dans sa *Littérature anglaise* et dans sa *Philosophie de l'Art*. Mais on imagine aisément aussi la stupeur de ses juges. La leçon fut déclarée par eux « absurde »[1]. Taine fut refusé, et on lui conseilla charitablement de ne pas persister à viser l'agrégation de philosophie.

Il n'était pas seul condamné d'ailleurs. L'agrégation de philosophie fut supprimée quatre mois plus tard, et je soupçonne les épreuves de Taine et le rapport secret de M. Portalis d'avoir été pour quelque chose dans cette suppression. Le jury d'ailleurs se cacha si peu d'avoir tenu compte dans sa décision de la question de doctrine que, deux ans plus tard, à la soutenance de doctorat de Taine, M. Garnier exprima le regret d'avoir retrouvé dans sa thèse française les idées philosophiques qui l'avaient fait échouer à l'agrégation.

Il n'était pas au bout de ses peines. Ici encore je rencontre une légende, fort jolie du reste, et qui contient une part de vérité; mais de

1 Je tiens tous ces détails d'un des membres du jury, M. Bénard. Paradol, dans la lettre citée plus haut, parle avec admiration de cette « brillante et savante leçon »; — « je ne le connaissais pas encore, dit-il, si souple, si nerveux, si clair et surtout si à son aise. Il était là le maître, et il y avait un peu de respect dans l'attention qu'on lui prêtait. Il a la parole très régulière et cependant très animée; il y a dans son débit une chaleur contenue, une flamme intérieure qui donne la vie à tout ce qu'il touche. »

cette vérité idéale qui ramasse en un seul fait, inexact en lui-même, une série d'événements, et qui résume en un mot, apocryphe comme presque tous les mots historiques, toute une situation. On a souvent raconté que Taine, après son échec, avait été nommé suppléant de sixième au collège de Toulon, et qu'il avait donné sa démission au ministre par ces simples mots : « Pourquoi pas au bagne? » En 1851, les professeurs ne correspondaient pas dans ce style avec les ministres et Taine moins que tout autre; mais il n'en est pas moins vrai que l'Université, pendant cette triste année 1851-1852, ressembla quelque peu à un bagne et que plusieurs normaliens, qui pourtant lui étaient profondément attachés, furent contraints de s'en évader. De ce nombre fut Taine. L'histoire de ses tribulations est bonne à raconter, ne fût-ce que pour faire apprécier aux Français d'aujourd'hui les libertés dont ils jouissent.

Le ministre de l'Instruction publique, M. Dombidau de Crouseilhes, ne paraît pas avoir jugé le candidat malheureux aussi sévèrement que le jury, car il le pourvut d'un poste de philosophie. Chargé, le 6 octobre 1851, à titre provisoire, du cours de philosophie au collège de Toulon, Taine n'eut pas à occuper ce poste; il désirait ne pas s'éloigner autant de sa mère, et il fut transféré le 13 octobre comme suppléant à Nevers. Il était plein d'enthousiasme pour ses nouvelles fonctions : « Quelle est, écrivait-il à Paradol (5 février 1852), la meilleure position pour s'occuper de littérature et de science? A mon avis, c'est l'Université... C'est une bonne chose pour apprendre que d'enseigner... Le seul moyen d'inventer, c'est de vivre sans cesse dans sa science spéciale. Si j'ai pris le métier de professeur, c'est parce que j'ai cru que c'était la plus sûre voie pour devenir savant. Les meilleurs livres de notre temps ont eu pour matière première un cours public. » Il trouvait même que la solitude et la monotonie de la vie de province avaient leurs avantages en vous imposant « la nécessité de penser toujours pour ne pas mourir d'ennui ». Pourtant ce brusque éloignement de sa famille, de ses amis, de Paris, de cette École normale qu'il appelait « la chère patrie de l'intelligence[1] », lui fut cruel. « J'ai été

1. Ces lignes du 24 mars 1852 se trouvent dans une lettre de remerciement à M. E. Havet qui lui avait envoyé à Nevers son édition des *Pensées* de Pascal : « Votre livre vient de me rendre pour une journée à la vie et au monde... Ce sont là les livres nécessaires. C'est faire œuvre politique et travail de convertisseur que les écrire; c'est montrer de nouveau, comme

gâté par l'École, écrivait-il à Paradol, le 30 octobre 1851, nous ne la retrouverons nulle part. Je suis comme mort. Plus de conversations ni de pensées... Éloigné de l'École, je languis loin de la liberté et de la science. »

Ce fut bien pis un mois plus tard, quand le coup d'État du 2 décembre eut été consommé. Tous les professeurs de l'Université étaient devenus des suspects. Un grand nombre étaient mis en disponibilité ou révoqués, d'autres prenaient les devants et donnaient leur démission. Taine démontra à Paradol, qui voulait suivre ce dernier parti, qu'après le plébiscite du 10 décembre, l'acceptation silencieuse du nouveau régime était un devoir. Le suffrage universel était la seule base du droit politique

dit Michelet, la face pâle de Jésus crucifié. On masque et on défigure le monde passé, et il n'y a que ceux qui ont vécu dans les poudreux in-folios des Pères, qui le connaissent dans toute son horreur. Les Jansénistes sont les vrais écrivains du christianisme... Ce sont les fidèles disciples de saint Augustin et de saint Paul, et Pascal, en homme sincère, parle comme eux de cette masse de perdition, de cette prédestination fatale, de cette infection de la nature humaine. Nous frissonnons en lisant Dante, et le Dante est doux et modéré, en comparaison des effroyables traités de saint Augustin sur la Grâce, et de cette dialectique invincible qui précipite le monde dans l'Enfer. Je ne sais si vous y avez pensé, mais votre livre est un admirable traité de polémique. »

en France; lui résister, c'était faire un acte insurrectionnel, un coup d'État. « Le dernier butor, écrit-il le 10 janvier 1852, a le droit de disposer de son champ et de sa propriété privée, et pareillement une nation d'imbéciles a le droit de disposer d'elle-même, c'est-à-dire de la propriété publique. Ou niez la souveraineté de la volonté humaine, et toute la nature du droit public, ou obéissez au suffrage universel. » Il ajoute, il est vrai : « Remarque pourtant qu'il y a des restrictions à cela, que je les faisais déjà auparavant contre toi, et que je refusais à la majorité le droit de tout faire que tu lui accordais. C'est qu'il y a des choses qui sont en dehors du pacte social, qui, partant, sont en dehors de la propriété publique et échappent ainsi à la décision du public... Par exemple, la liberté de conscience et tout ce qu'on appelle les droits et les devoirs antérieurs à la société [1]. » C'est au nom de ces

1. Il écrit encore le 18 janvier : « Voici un paysan sur sa terre ; il est stupide et l'ensemence mal. Moi, qui suis savant, je lui conseille avec toute raison de faire autrement. Il s'obstine et gâte sa récolte : je fais une injustice si j'essaie de l'en empêcher. Voici un peuple qui décide de son gouvernement. Comme il est bête et ignorant, il le remet à un homme d'un nom illustre qui a fait une mauvaise action et qui le conduira aux abîmes, et de plus il s'ôte lui-même ses libertés, ses garanties, le moyen de s'instruire et de s'améliorer. Je suis

droits et de ces devoirs qu'il résista quand on demanda aux universitaires plus que leur soumission, leur approbation. A Nevers, on leur fit signer la déclaration suivante : « Nous, soussignés, déclarons adhérer aux mesures prises par M. le Président de la République le 2 décembre, et lui offrons l'expression de notre *reconnaissance* et de notre respectueux dévouement », Taine seul refusa de donner sa signature, faisant observer que comme suppléant il n'était chargé de remplacer le titulaire que dans son enseignement, et que d'ailleurs, comme professeur de morale, il ne lui appartenait pas d'approuver un acte qui impliquait un parjure. Il fut noté comme révolutionnaire et peu après accusé d'avoir fait

désolé et indigné; je fais par mon vote tout ce que je puis contre une pareille brutalité. Mais ce peuple s'appartient à lui-même, et je fais une injustice si je vais contre la chose sainte et inviolable, sa volonté ». Il conclut le 5 février 1852 : « Tu vois maintenant que l'homme qui règne a des chances pour durer. Il s'appuie très ingénieusement sur le suffrage universel qui ne lui demandera pas de liberté, mais du bien-être. Il a le clergé et l'armée; ajoute le nom de son oncle, la crainte du socialisme, les opinions opposées entre elles des partis ennemis. *Par conséquent, la vie politique nous est interdite pour dix ans peut-être.* Le seul chemin est la science pure ou la pure littérature. » — On trouvera dans le livre de M. Gréard les lettres éloquentes où Paradol discute avec Taine ces questions de politique et de morale.

en classe l'éloge de Danton[1]. Malgré l'attitude en apparence bienveillante du recteur, ecclésiastique fort timoré, malgré le succès de Taine comme professeur et l'attachement de ses élèves, qui firent une pétition pour son maintien à Nevers, il fut le 29 mars transféré en rhétorique au lycée de Poitiers, avec un avertissement sévère de M. Fortoul d'avoir à veiller sur ses discours et sa conduite. Mais le lycée de Poitiers était alors étroitement surveillé par l'évêque, monseigneur Pie. Hémardinquer avait déjà dû quitter la rhétorique parce qu'il était juif. Taine ne fut pas plus heureux. Il eut beau accepter avec docilité la situation qui lui était faite, s'interdire toute conversation politique et même la lecture des journaux, paraître deux fois aux offices du mois de Marie pour y écouter une cantatrice parisienne,

1. Lettre du 28 mars 1852. « Un polisson de seize ans, noble et jésuite, qui l'an dernier était le premier, étant tombé au-dessous du dixième, s'amuse à dire que j'ai fait l'éloge de Danton en classe, et venge sa vanité blessée par des calomnies. Les cancans brodent là-dessus et je suis obligé de me justifier auprès du recteur. Il est vrai que mes quinze autres élèves m'aiment, ont demandé au recteur de me conserver jusqu'à la fin de l'année, et auraient voulu rosser l'Escobar au maillot. Mais ce petit coquin est un trou à ma cuirasse, et quoique je fasse, je serai bientôt blessé par toutes les flèches qu'il me tirera. »

corriger le discours qu'un élève devait adresser à monseigneur Pie, s'abstenir de donner aucun sujet de devoir qui ne fût pas pris dans le XVIIe siècle ou l'antiquité, réfuter l'*École des femmes*, lire à ses élèves le *Traité* de Bossuet sur *la Concupiscence*, et leur interdire, par ordre du recteur, la lecture des *Provinciales* [1], il restait mal noté, et le 25 septembre 1852, il était chargé de suppléer le professeur de sixième du lycée de Besançon. Cette fois, la mesure était comble. Il demanda un congé qui lui fut accordé avec empressement dès le 9 octobre et qui fut renouvelé d'année en année jusqu'à la fin de son engagement décennal.

Pendant cette pénible année, Taine n'eut d'autre refuge, d'autre consolation que le travail et l'amitié. Il entretenait une correspondance active avec sa mère, avec Suckau, avec Planat, avec Paradol : « La solitude, écrit-il à ce dernier (11 décembre 1851), augmente l'amitié. Il me semble que je pense maintenant à vous avec un souvenir plus tendre... Les idées sont abstraites ; on ne s'y élève que par un effort. Quelque belles qu'elles soient,

1. Lettres à Paradol du 25 avril, du 2 juin et du 1er août 1852.

elles ne suffisent pas au cœur de l'homme... Rien ne me touche plus que de lire les amitiés de l'antiquité. Marc-Aurèle est mon catéchisme, c'est nous-mêmes. »

Mais les amis étaient loin, les correspondants parfois négligents. Le travail seul était le compagnon de toutes les heures, le consolateur de la solitude et de tous les déboires. Comme à l'École, Taine fait marcher de front les devoirs professionnels et les études personnelles. Il rédige tous ses cours et commence ses thèses. Il écrit dès le 30 octobre : « Je travaille deux heures chaque matin pour ma classe qui se fait à huit heures. Il me reste sept heures par jour, plus les jeudis et les dimanches, pour les études personnelles. J'ai commencé de longues recherches sur les sensations. C'est là qu'on voit le plus nettement l'union de l'âme et du corps. Ce sera ma thèse, si on ne veut pas une exposition de la logique de Hegel. » L'attentat du 2 décembre ne ralentit pas son ardeur au travail ni n'ébranla sa foi dans la science : « Je déteste le vol et l'assassinat, écrit-il le 11 décembre, que ce soit le peuple ou le pouvoir qui les commette. Taisons-nous, obéissons, vivons dans la science. Nos enfants, plus heureux, auront peut-être les deux biens ensemble, la science et la liberté... Il faut attendre, travailler, écrire. Comme disait Socrate, nous seuls nous occupons de la vraie politique, la politique étant la science. Les autres ne sont que des commis et des faiseurs d'affaires. » Il apprend que l'agrégation de philosophie est supprimée ; aussitôt il se met à préparer celle des Lettres, à faire des vers latins et des thèmes grecs : « Desséché et durci par plusieurs années d'abstractions et de syllogismes, où retrouverai-je le style, les grâces latines et les élégances grecques nécessaires pour ne pas être submergé par quatre-vingts concurrents... Je vais repiocher mon sol en jachère, tu sais comme et avec quels coups. Si j'ai la même fortune que l'an dernier, comme il est probable, ma volonté en sera innocente ; je ferai tout pour surnager. Que Cicéron me soit en aide ! » Pour assouplir son esprit et son style et reprendre le sens des choses réelles, il se met à noter ce qu'il voit, à recueillir des traits de mœurs et de caractères ; il s'exerce à des descriptions de nature. Le 10 avril 1852, paraît le décret qui exige trois ans de stage après l'École normale pour pouvoir se présenter à l'agrégation, mais fait compter le doctorat ès-lettres pour deux années de service. Sans perdre une minute il se remet à ses thèses[1]; le 8 juin, elles étaient terminées et expédiées à Paris, et il espère être reçu docteur en août. S'il a pu rédiger ses thèses avec une si prodigieuse rapidité, c'est parce qu'il n'a pas cessé de les méditer tout en faisant ses cours et en préparant son agrégation. « Je me présente à nos inquisiteurs patentés de Sorbonne, écrit-il le 2 juin 1852, et d'ici à huit jours, j'expédierai cent cinquante pages de prose française et un grand thème latin à M. Garnier. Mes *Sensations* sont au net, mais mes phrases cicéroniennes ne sont encore qu'en brouillon. Pourquoi ai-je été si vite ? Parce que nos seigneurs et maîtres mettront un mois et plus pour me donner l'autorisation d'imprimer, et que l'impression durera trois semaines. Te dire avec quel tour de reins il a fallu piocher pour arracher à mon cerveau ce chardon psychologique, et cela en six semaines de temps, est impossible. Encore en ce moment

1. « Plus d'agrégation pour moi cette année. Donc je fais mes thèses. J'ai écrit tout le plan de la française... Je fais de la psychologie et de l'observation pure; pour le fond je m'autorise d'Aristote... Je souhaite de passer s'il est possible, au commencement d'août. Le doctorat vaut pour deux ans de service... Je crois avoir trouvé plusieurs choses et une théorie sûre, surtout des faits palpables sur la nature de l'âme. Sera-ce trop hardi? » Lettre à Paradol du 25 avril 1852.

les sensations, les conceptions, les représentations, les illusions et tout le bataillon des *on* me danse dans la tête, et je suis ahuri et étourdi comme un chien de chasse après une course au cerf de trente-six heures. Mais ce système est bon, et je pense qu'on ne fait jamais si bien une chose que quand, après l'avoir méditée longtemps, on l'écrit sans désemparer ».

Il avait pendant ces quelques mois vu se préciser dans son esprit les idées maîtresses dont son œuvre entière ne sera que le développement. Tout d'abord, il s'était plongé dans la lecture des philosophes allemands, de la Logique et de la Philosophie de l'histoire de Hegel : « J'essaie de me consoler du présent en lisant les Allemands, écrit-il le 24 mars 1852 à M. Havet. Ils sont par rapport à nous ce qu'était l'Angleterre par rapport à la France au temps de Voltaire. J'y trouve des idées à défrayer tout un siècle, et si ce n'étaient mes inquiétudes au sujet de l'agrégation, je trouverais un repos et une occupation suffisants dans la compagnie de ces grandes pensées. » Mais son solide cerveau devait résister à toutes les fumées de cette ivresse métaphysique : plus il lisait Hegel, plus il reconnaissait ce que son système avait de vague et d'hypothétique [1]; et le courant naturel de son esprit, plus fort que toutes les influences extérieures, l'emportait d'un tout autre côté.

Dans son enseignement, il alliait la psychologie à la physiologie, et le 30 décembre 1851 il écrivait à Paradol : « La psychologie vraie et libre est une science magnifique sur qui se fonde la philosophie de l'histoire, qui vivifie la physiologie et ouvre la métaphysique. J'y ai trouvé beaucoup de choses depuis trois mois... jamais je n'avais tant marché en philosophie. » Le 1er août 1852, il envoie à Paradol le plan d'un *Mémoire sur la Connaissance*, où nous trouvons indiquées les idées fondamentales du livre de l'*Intelligence* écrit seize ans plus tard. « Tu y verras entre autres choses la preuve que l'intelligence ne peut jamais avoir pour objet que le moi étendu sentant, qu'elle en est aussi inséparable que la force vitale l'est de la matière, etc. ; plus une théorie sur la faculté unique qui distingue l'homme des animaux, l'abstraction, et qui est la cause de la religion, de la société, de l'art et du langage ; et enfin

1. Lettre du 24 juin 1852 : « Je viens de lire la *Philosophie de l'Histoire* de Hegel. C'est une belle chose, quoique hypothétique et pas assez précise. »

là dedans les principes d'une philosophie de l'histoire. » Le livre sur l'*Intelligence* n'est pas autre chose que le remaniement vingt fois pris et repris de sa thèse de 1852 sur les *Sensations* et de ce *Mémoire sur la Connaissance.* Nous y voyons, ainsi que dans les *Philosophes français*, la psychologie présentée comme la préface d'une métaphysique logique et scientifique que Taine a plus d'une fois rêvé d'écrire. Le 24 juin 1852, nous lisons dans une autre lettre : « Je rumine de plus en plus cette grande pâtée philosophique dont je t'ai touché un mot et qui consisterait à faire de l'histoire une science, en lui donnant comme au monde organique une anatomie et une physiologie. » N'avons-nous pas là en une ligne le résumé de l'introduction à l'*Histoire de la Littérature anglaise* et l'idée fondamentale qui a inspiré tous les écrits de Taine sur l'histoire, l'art et la littérature ?

Malheureusement il se trompait bien en croyant que ces idées, qui lui paraissaient si simples, pourraient obtenir le visa de ceux qu'il appelait irrévéremment « les inquisiteurs patentés de la Sorbonne ». Dans sa candeur il se croyait garanti par le règlement du doctorat qui déclare que la Faculté ne répond pas des opinions des candidats, et par le bon accueil fait à la thèse fort hardie, dans le sens théocratique, de M. Hatzfeld [1]. Dès le 15 juillet, M. Garnier lui faisait savoir que les conclusions de sa thèse sur les *Sensations* empêchaient la Sorbonne de l'accepter. Il avait bien pris pour point de départ l'ἐντελέχεια d'Aristote, et s'était mis à l'abri de ce grand nom ; mais il s'était posé en adversaire de Reid et avait édifié toute une théorie des rapports du système nerveux et du moi, qui, sans être précisément matérialiste, n'était guère orthodoxe [2]. Cette rude déconvenue ne le troubla que quelques jours. Il met de côté pour des temps meilleurs les syllogismes qu'il contemplait « dans une clarté éblouissante », et le 1er août le plan de sa thèse sur *La Fontaine* est déjà tracé : « Je vais proposer à M. Leclerc, dit-il à Paradol, une thèse sur les *Fables* de La Fontaine ; il me semble qu'on peut dire là-dessus beaucoup de choses neuves, l'opposer aux autres fabulistes qui ne veulent que prouver une maxime ; la fable devenue drame, épopée, étude de caractères, caractère du roi, des grands seigneurs, etc. ; opposer

1. Lettre à Paradol du 1er août 1853.

2. Lettre au même du 2 juin 1852.

le génie de La Fontaine, grec et flamand, à celui du siècle. » Là-dessus il partit pour Paris où l'attendait une nomination qui équivalait à une révocation.

Ainsi trempé pour la lutte par la longue habitude de l'effort et de la méditation solitaires et par une série de déboires stoïquement supportés ; ainsi armé de tout un arsenal de connaissances précises, patiemment accumulées depuis des années ; ayant déjà dans l'esprit, sinon la formule, du moins la conception très nette des idées génératrices de son œuvre entière, Taine se trouvait brusquement rejeté hors de l'Université et obligé de se vouer à la carrière d'homme de lettres. Si M. Fortoul priva l'Université d'un admirable professeur, il faut reconnaître qu'il rendit à Taine un signalé service en le délivrant de liens professionnels qui eussent entravé le libre essor de son génie, ou du moins restreint le nombre et la variété de ses travaux. Mais Taine regretta l'enseignement et resta si persuadé des services qu'il rend au professeur lui-même en l'obligeant à trouver les voies les plus sûres et les plus directes pour faire pénétrer ses idées dans d'autres cerveaux, qu'il se chargea, dès qu'il fut à Paris, d'un cours dans l'institution Carré-

Demailly, moins en vue du maigre traitement qu'il recevait, qu'à cause du profit intellectuel qu'il trouvait à enseigner. Plus tard, sa nomination de professeur à l'École des beaux-arts fut une des grandes joies de sa vie.

En rentrant à Paris, il ne retrouvait pas sa famille. Sa sœur aînée était mariée au docteur Letorsay. Sa mère et sa sœur cadette étaient retournées à Vouziers. Elles ne purent venir le rejoindre qu'un an plus tard. Taine vécut seul, dans des hôtels garnis, d'abord rue Servandoni, puis rue Mazarine. Il prenait ses repas dans un restaurant de la rue Saint-Sulpice, fréquenté par des ecclésiastiques, ne voyait presque personne et travaillait avec acharnement.

En quelques mois ses deux thèses, le *De Personis platonicis* et l'*Essai sur les Fables de La Fontaine* étaient achevées, et le 30 mai 1853, il était reçu docteur à l'unanimité après une brillante soutenance. M. Wallon lui avait bien reproché de pousser trop loin son admiration pour la morale antique et de méconnaître la nouveauté et la supériorité du christianisme; M. Garnier avait découvert dans l'*Essai sur La Fontaine* un venin philosophique caché; M. Saint-Marc-Girardin avait pris contre le candidat la défense des hommes et des bêtes, de Louis XIV et du lion également calomniés ; mais on avait été unanime à louer la grâce de ces portraits athéniens que l'on devait retrouver plus tard dans le délicieux article sur les *Jeunes gens de Platon*, une latinité exquise s'élevant par endroits jusqu'à l'éloquence, la souplesse de talent que révélait la thèse française et qui promettait à la fois un historien, un critique littéraire et un moraliste satirique. Cette soutenance du doctorat fut le dernier acte de la vie universitaire de Taine. Sa vie de savant et d'homme de lettres allait commencer.

II

LES ANNÉES DE MAITRISE

A peine ses thèses déposées à la Sorbonne, Taine, « avec cette fertilité d'esprit et cette extrême facilité qui étaient jointes chez lui à une extraordinaire opiniâtreté dans le travail[1] », s'était mis à composer pour un concours de l'Académie française un *Essai sur Tite-Live*. Il faisait connaître une face nouvelle de sa précoce érudition ; il se montrait aussi versé dans l'histoire romaine, aussi familier avec Polybe, Denys d'Halicanasse, Niebuhr, Beaufort, Montesquieu et Machiavel, que dans son *La*

1. Expression de Paradol dans un article de la *Revue de l'Instruction publique* (12 juin 1856) sur l'*Essai sur Tite-Live*.

Fontaine il s'était montré versé dans l'histoire du XVIIe siècle et familier avec Saint-Simon et La Bruyère. Le 31 décembre 1853, son *Tite-Live* était déposé à l'Institut. M. Guizot fut chargé du rapport et recommanda chaleureusement son jeune ami aux suffrages de l'Académie. Mais ses conclusions rencontrèrent une vive résistance. On trouvait à reprendre dans l'*Essai sur Tite-Live* un ton trop peu respectueux à l'égard des grands hommes, trop de goût pour l'école historique moderne, pour Michelet en particulier et pour Niebuhr ; et surtout on ne pouvait admettre cette phrase sur Bossuet : « Il résumait l'histoire avec un grand sens et dans un grand style, mais *pour un enfant* et la parcourait à pas précipités »[1]. Ce *pour un enfant* fut le *tarte à la crème* de l'Académie. Après de vives discussions, le concours fut prorogé à l'année 1855. Taine corrigea les passages incriminés, supprima « pour un enfant » et fut couronné. Le rapport très élogieux de M. Villemain, tout en regrettant que le candidat n'eût pas été assez sensible aux mérites littéraires de *Tite-Live*, le félicitait de « ce noble et savant début » et souhaitait

1. Lettre à Paradol du 3 juin 1854.

« de tels maîtres à la jeunesse de nos Écoles ». L'Académie, oublieuse de ses propres scrupules d'antan, trouvait piquant de protester discrètement contre les rigueurs de M. Fourtoul ; mais une surprise l'attendait. En 1856, l'*Essai sur Tite-Live* paraissait avec une préface d'une demi-page débutant par ces lignes : « L'homme, dit Spinoza, n'est pas dans la nature comme un empire dans un empire, mais comme une partie dans un tout, et les mouvements de l'automate spirituel qui est notre être sont aussi réglés que ceux du monde matériel où il est compris. » L'Académie s'était réjouie de la docilité de son lauréat, et voilà qu'elle se trouvait avoir couronné, non un livre de critique littéraire, mais un traité de philosophie déterministe. Elle en éprouva, non sans raison, quelque dépit, et elle devait, dix ans plus tard, le faire sentir à l'auteur de l'*Histoire de la Littérature anglaise*.

Après avoir vécu pendant six ans dans une tension cérébrale continue, et fourni coup sur coup une telle succession d'efforts intellectuels, au commencement de 1854, Taine tomba épuisé. Il éprouva une de ces incapacités de travail dont il eut souvent à souffrir dans la suite, en particulier, en 1857 et en 1863. Il trouvait pourtant moyen d'utiliser ces périodes de repos obligatoire et de les faire servir au plan général d'études tracé en 1848. Tout d'abord il se faisait faire des lectures, et c'est ainsi qu'il s'occupa pour la première fois de la Révolution française en se faisant lire l'ouvrage de Buchez et Roux. Il y fut surtout frappé de la médiocrité intellectuelle des hommes les plus fameux de la période révolutionnaire et se dit qu'il y avait là un problème historique intéressant à étudier. Il acquérait des connaissances physiologiques en suivant des cours de médecine, en particulier d'anatomie et de médecine mentale, pour donner à ses recherches de psychologie une solide base scientifique. Grâce à son admirable mémoire et à l'habitude de classer immédiatement les faits et les idées, il complétait ainsi sans effort son instruction en écoutant des cours ou en causant avec son cousin, l'éminent aliéniste Baillarger, et avec son beau-frère. En 1854, il séjourna longtemps à Orsay, chez ce dernier, l'accompagnant dans ses visites médicales, et recueillant des observations sur la campagne et les paysans. Dans cette même année 1854 on l'envoya pour sa santé aux eaux des Pyrénées. M. Hachette, qui cherchait à attirer à lui les jeunes universitaires de talent, qui avait favorisé les débuts de deux camarades de Taine, Libert[1] et Paradol, qui avait recruté dans les récentes promotions de l'École normale toute une élite de collaborateurs pour sa *Revue de l'Instruction publique*[2], eut l'idée de lui demander d'écrire un Guide aux Pyrénées. Taine rapporta de son voyage un livre qui ne ressemblait guère à un guide, et qui était un mélange original de puissantes descriptions de nature, d'amusants croquis de mœurs rurales, d'observations satiriques sur la société des villes d'eaux, de souvenirs historiques racontés avec une verve pittoresque. De plus, sous le voyageur érudit, observateur et humoriste, on voyait partout percer le philosophe dont la forte pensée affleurait à chaque page comme la roche au milieu des gazons des vallées pyrénéennes, et qui cherchait dans le sol, la lumière, la végétation, les animaux et les hommes, la force unique dont l'univers entier n'est que la manifestation infiniment variée. Le volume parut en 1855

1. Mort en 1857. M. Hachette avait publié de lui une *Histoire de la Chevalerie*, et fait composer par Paradol un *Essai d'Histoire universelle*.

2. About, Paradol, Gréard, Sarcey, Villetard, Caro, Mézières, Assolant, Weiss, etc., etc.

avec de charmantes illustrations de Gustave Doré.

Cette année 1854 est une date importante dans la vie de Taine. Le repos auquel il fut contraint, l'obligation de se mêler aux hommes, de se promener, de voyager, l'arrachèrent à sa vie claustrale et à son travail solitaire pour le mettre en contact plus direct avec la réalité. Sa méthode d'exposition philosophique s'était modifiée pendant cette année d'observation de la vie réelle. Au lieu du procédé déductif qui part du fait le plus général ou de l'idée la plus abstraite pour en suivre de degré en degré les conséquences et les réalisations concrètes, il procèdera dorénavant en sens inverse et par induction ; il prendra la réalité pour point de départ et remontera par groupements successifs de faits jusqu'aux faits les plus généraux et aux idées directrices. Les conceptions *a priori* n'auront plus de place dans sa méthode que comme procédé d'investigation, au même titre que l'hypothèse dans les sciences. Rien de plus instructif à cet égard que la comparaison de sa thèse française avec le volume intitulé : *La Fontaine et ses Fables*, qui parut en 1860 et qui en est le remaniement. La théorie sur la Fable poétique qui formait en 1853 le premier chapitre devient en 1860 le dernier. Une introduction toute nouvelle sur l'esprit gaulois, le sol, la race, sur la personne et la vie de La Fontaine prend la place de cette théorie et est destinée à expliquer l'œuvre. Enfin, au lieu d'une conclusion abstraite et vague sur le beau, nous avons une conclusion très concrète et précise sur les circonstances historiques qui ont favorisé l'éclosion des divers génies poétiques. De même l'*Essai sur les sensations* sous sa première forme partait du moi, de l'ἐντελέχεια, pour aboutir à l'impression sensible; dans l'*Intelligence*, Taine partira des sensations les plus ordinaires pour s'élever par des généralisations de plus en plus étendues à la loi et à la cause, et enfin jusqu'au point où l'être même s'identifie avec l'idée. Avec sa méthode, son style se modifiait aussi. Sa thèse se ressentait encore des souvenirs de collège et d'école, des élégances apprêtées des devoirs de rhétorique; il y avait encore dans l'*Essai sur Tite-Live* quelque chose de raide, de froid et d'abstrait. Avec le *Voyage aux Pyrénées* le style de Taine devient vivant et coloré; son œil se montre extraordinairement sensible à toutes les apparences extérieures des choses; il s'applique à les rendre dans tout leur relief, et il recouvre la logique de ses raisonnements d'un brillant manteau d'images. Ses carnets de notes, où autrefois tout était classé par idées abstraites, deviennent des recueils d'impressions visuelles, d'observations de caractères et de mœurs, rendues avec une intensité parfois excessive. Mais en même temps il est fidèle à ses habitudes d'ordre méthodique et de construction régulière. Son imagination est mise au service de sa logique et c'est par des procédés de développement oratoire qu'il cherche à donner du mouvement et de l'animation à ses classifications progressives. On reconnaîtra toujours en lui l'homme qui avait éprouvé ses premières sensations littéraires en lisant Guizot et Jouffroy, et qui eut un culte pour Macaulay. « Ma forme d'esprit, dit une note écrite le 18 février 1862, est française et latine ; classer les idées en files régulières, avec progression, à la façon des naturalistes, selon les règles des idéologues, bref oratoirement... Je me souviens fort bien qu'à dix où onze ans, chez ma grand'mère, je lisais avec intérêt une discussion de je ne sais plus qui sur le *Paradis perdu*. de Milton. C'était un critique du XVIIIe siècle, qui démontrait, réfutait en partant des principes. L'histoire de la civilisation de Guizot, les cours de Jouffroy m'ont donné la première grande sensation de plaisir littéraire, à cause des classifications progressives. Mon effort est d'atteindre l'essence, comme disent les Allemands, non de primesaut, mais par une grande route, unie, carrossable. Remplacer l'intuition (*Insight*), l'abstraction subite (*Vernunft*), par l'analyse oratoire; mais cette route est dure à creuser. » Il est deux dons de l'artiste et de l'écrivain qu'il admirait par-dessus tous les autres et qu'il regretta toujours de ne pas posséder : l'art de raconter et celui de créer des personnages vivants et agissants. Il mettait au premier rang l'art du romancier. Il essaya même d'écrire un roman, mais s'arrêta au bout de quatre-vingt-dix pages, s'apercevant que son roman n'était que de l'analyse psychologique personnelle. Aussi disait-il avec une modestie excessive : « J'ai vu de trop près les vrais artistes, les têtes fécondes, capables d'enfanter des figures vivantes, pour admettre que j'en sois un [1]. »

En même temps que ce changement se produisait dans sa manière d'écrire et dans sa méthode d'exposition, sa vie même devenait

1 Lettre à Havet, 29 avril 1864.

moins concentrée et moins solitaire. Il s'était installé avec sa mère et sa sœur dans l'île Saint-Louis. Il avait retrouvé à Paris, Planat, Paradol, About qui revenait de Grèce plus exubérant de vie et plus étincelant d'esprit que jamais; il faisait la connaissance de Renan et par Renan celle de Sainte-Beuve ; il entretenait des relations amicales avec M. E. Havet qui avait été trois mois son professeur à l'École normale, et qui lui témoignait le plus affectueux intérêt ; Gustave Doré et Planat l'avaient mis en relation avec des artistes ; il continuait ses études de médecine et de physiologie : il s'entretenait avec Franz Wœpke [1] de philologie et de mathématiques. Ceux qui l'ont connu pendant les années 1855-1856 nous le représentent comme plein de verve et de gaieté, recherchant, non le grand monde, mais la société de camarades intelligents, avec qui il pouvait causer, discuter librement comme autrefois dans la maison de la rue d'Ulm, se détendre après les heures de travail. Ces années 1855-1856 furent des années d'activité féconde et joyeuse où Taine sentait son talent s'affer-

1 Après la mort de Wœpke en 1864 il lui rendit un émouvant hommage dans le *Journal des Débats*. Cet article est réimprimé dans les *Nouveaux essais de critique et d'histoire*.

mir de jour en jour. Il débute le 1er février 1855 dans la presse périodique par un article sur La Bruyère donné à la *Revue de l'Instruction publique*. Il publie dans cette Revue dix-sept articles en 1855, vingt en 1856, sur les sujets les plus divers, passant de La Rochefoucauld à Washington et de Ménandre à Macaulay. Le 1er août 1855, il commence à la *Revue des Deux Mondes*, par un article sur Jean Reynaud, une collaboration qui devait continuer jusqu'à sa mort. Le 3 juillet 1856 paraissait son premier article au *Journal des Débats*, sur Saint-Simon, et à partir de 1857, il devint un des collaborateurs assidus de ce journal.

Un esprit aussi puissant et aussi constructif que celui de Taine ne pouvait se contenter de poursuivre, par une série d'études isolées, à travers les histoires et les littératures [1], la vérification de son système sur « la race, le moment,

1 Les articles de Taine qui ne rentraient pas dans le plan des *Philosophes français au XIXe siècle* et dans l'*Histoire de la littérature anglaise* ont formé les deux volumes d'*Essais de critique et d'histoire* (1858), et de *Nouveaux Essais de critique et d'histoire* (1865). La première édition des *Essais* contient quelques articles sur des écrivains anglais contemporains qui ont été remplacés par d'autres dans l'édition de 1874, parce qu'ils avaient pris place en 1867 dans le dernier volume de la *Littérature anglaise*. Un volume de *Derniers essais de critique et d'histoire* a paru en 1894.

le milieu et la faculté maîtresse », système dont il avait fait la première application rigoureuse à Tite-Live. Il avait besoin de l'adapter à un vaste ensemble de faits, d'écrire un grand chapitre d'histoire littéraire qui serait en même temps un chapitre de l'histoire du cœur humain, un essai partiel de philosophie de l'histoire, ou pour parler son langage, d'anatomie et de physiologie historiques.

Dès le 17 janvier 1856, son *Histoire de la Littérature anglaise* est annoncée, et à partir de cette date, les articles qui paraissent coup sur coup en 1856 dans la *Revue de l'Instruction publique*, et depuis 1856 dans la *Revue des Deux Mondes*, nous montrent l'œuvre déjà construite tout entière dans son esprit, et son exécution poursuivie avec une régularité et une vigueur qui ne faiblissent pas un instant.

Mais avant de procéder à cette grande synthèse historique et philosophique, Taine avait à y préparer les esprits et à déblayer le terrain devant lui. Il avait un compte à régler avec l'éclectisme, qui mettait la rhétorique à la place de la science, et qui était à ses yeux la négation même de la philosophie, par cela même qu'il prétendait l'administrer et avoir seul le droit d'être enseigné [1]. Du 14 juin 1855 au 9 octobre 1856, il publia dans la *Revue de l'Instruction publique* une série d'articles sur les *Philosophes français au* XIXe *siècle*, articles qui parurent en volume au commencement de 1857. Sous une forme ironique jusqu'à l'irrévérence, mais aussi avec l'argumentation la plus vigoureuse et la plus pressante, il attaquait tous les principes sur lesquels reposait le spiritualisme classique. Il réhabilitait le sensualisme de Condillac en le complétant et en l'élargissant, et il terminait son livre par l'esquisse d'un système qui appliquait aux recherches psychologiques et même métaphysiques les méthodes des sciences exactes. Faut-il voir dans ce livre une œuvre de rancune contre la doctrine au nom de laquelle il avait été naguère condamné? Il serait sans doute téméraire d'affirmer que ses déboires universitaires ne lui eussent pas laissé d'amers souvenirs; mais il était incapable de céder consciemment à des ressentiments personnels. Il considérait sincèrement l'existence d'une doctrine philosophique officielle comme une atteinte à la liberté de penser,

1 Voyez, sur l'esprit dans lequel furent écrits les *Philosophes français*, la préface de la seconde édition, de 1860.

comme un obstacle à tout progrès spéculatif. S'il donna à ces attaques une forme parfois irrespectueuse, c'est que cette doctrine lui paraissait manquer souvent de sérieux. Comme il s'agissait moins de réfuter des idées que de détruire la tyrannie d'une école et qu'il voulait se faire entendre du grand public et surtout des jeunes gens, il employait la plus redoutable des armes, l'ironie, qu'il maniait, il faut le dire, à la façon d'une catapulte plutôt que d'une fronde. Enfin, il avait vingt-sept ans, il sentait sa jeunesse et sa force et il avait besoin de les dépenser. *Les Philosophes français* représentent, dans la vie de M. Taine, ses folies de jeunesse. Ce fut sa manière de jeter sa gourme.

Le succès du livre fut retentissant. Taine devint célèbre du jour au lendemain. Jusque-là les seuls articles importants qui eussent été consacrés à ses écrits étaient un article d'About sur le *Voyage aux Pyrénées* [1], un article de Paradol [2] et deux articles de Guillaume Guizot sur le *Tite-Live* [3]; mais c'étaient des articles

1. *Revue de l'Instr. publ.*, 29 mai 1856.
2. *Ibid*, 12 juin 1856.
3. *Débats*, 26 et 27 janvier 1857.

d'amis. Après les *Philosophes français*, les articles de Sainte-Beuve dans le *Moniteur* [1], de Planche dans la *Revue des Deux Mondes* [2], de Caro dans la *Revue contemporaine* [3], de Schérer dans la *Bibliothèque universelle* [4], nous prouvent qu'il est désormais au premier plan parmi les hommes de la nouvelle génération littéraire. Renan seul pouvait lui disputer la première place, et Caro les attaquait ensemble dans son article sur « l'Idée de Dieu dans une jeune école », article habile et éloquent, violent sous des formes courtoises, qui fut considéré comme la réponse de l'école éclectique, et fut reproduit tout entier dans le *Journal général* (officiel) *de l'Instruction publique*. Les critiques ne s'accordaient pas très bien dans leurs tentatives pour caractériser les doctrines de Taine. La presse religieuse, dans sa vieille haine contre M. Cousin, parlait du livre avec faveur ; Schérer faisait de lui un pur positiviste, Planche, un panthéiste spinoziste, Caro un matérialiste. Planche prétendait qu'il exposait en rhéteur

1. 9 et 16 mars 1857.
2. *Le Panthéisme dans l'histoire*, 1er avril 1857.
3. *L'Idée de Dieu dans une jeune école*, 15 juin 1857.
4. *M. Taine et la critique scientifique*, 1858. Réimprimé dans les *Mélanges de critique religieuse* sous le titre : *M. Taine et la critique positiviste.*

ce que Spinoza avait exposé en géomètre ; Caro lui reprochait de revêtir des formules de Hegel le naturalisme de Diderot. Personne, sauf Cournault dans la *Correspondance littéraire*, ne paraît avoir bien saisi sa théorie sur l'identité de l'idée de cause et de l'idée de loi, ni compris que son système, loin d'être un mélange hybride de métaphysique allemande et d'idéologie française, était parfaitement cohérent, solidement construit et en partie nouveau. Tous d'ailleurs, à l'exception de Cournault, étaient d'accord pour le blâmer de vouloir appliquer des classifications, des méthodes et des formules scientifiques à la critique littéraire et à l'histoire, et pour condamner son système, tout en admirant son talent.

Taine avait une foi trop candide dans la puissance de la vérité pour aimer la polémique. Il croyait que le vrai doit triompher tôt ou tard par sa seule vertu, et que les polémiques, qui transforment les luttes de doctrines en querelles de personnes, ne font qu'obscurcir les questions. Il ne répondit aux objections que par des œuvres nouvelles. Il publia en 1858 un volume d'*Essais de critique et d'histoire*, en 1860 *La Fontaine et ses Fables*, et une deuxième édition légèrement adoucie des *Philosophes fran-*

çais[1]. Il poursuivit sans défaillance l'achèvement de son grand ouvrage sur *la littérature anglaise jusqu'à Byron*, qui parut en trois volumes in-8° à la fin de 1863.

Taine avait raison d'avoir confiance dans l'avenir. Non seulement il avait porté à l'éclectisme des coups dont celui-ci devait demeurer à jamais meurtri, mais, en dépit de toutes les résistances, ses principes de critique et ses doctrines philosophiques pénétraient peu à peu dans tous les esprits. Modifiées sans doute et atténuées, mais toujours reconnaissables, elles ont fini par prendre place parmi les idées courantes du siècle, au même titre que les vues de Kant sur le caractère subjectif des notions premières de la raison, que la conception de l'éternel devenir de Hegel ou que la théorie des trois états de Comte. Aucun écrivain n'a exercé en France dans la seconde moitié de ce siècle une influence égale à la sienne ; partout, dans la philosophie, dans l'histoire, dans la critique, dans le roman, dans la poésie même, on retrouve la trace de cette influence.

1. Une troisième édition, plus profondément retouchée, parut en 1868, sous le titre : *les Philosophes classiques du XIXe siècle en France.*

A aucun moment elle ne fut plus marquée que dans les dix dernières années du second Empire. Taine était devenu presque un chef d'école; les jeunes gens allaient lui demander des directions et des conseils; il était obligé de laisser le monde usurper une petit part de son temps; Sainte-Beuve, qu'il voyait régulièrement aux fameux dîners de quinzaine du restaurant Magny, avec Renan, Schérer, Nefftzer, Robin, Berthelot, Gautier, Flaubert, Saint-Victor, les Goncourt, l'avait présenté à la princesse Mathilde en qui il trouva une admiratrice intelligente et une amie dévouée. L'air et la liberté commençaient à rentrer dans l'Université en même temps que dans le gouvernement, et Taine pouvait espérer que l'enseignement public allait lui être rouvert. En 1862, il fut candidat à la chaire de littérature de l'École polytechnique, et si M. de Loménie lui fut préféré, il s'en fallut de peu qu'il ne réussît. L'année suivante, en mars 1863, sur la présentation de M. Duruy, ministre de l'instruction publique, le maréchal Randon, ministre de la guerre, le nomma examinateur (d'histoire et d'allemand) au concours d'admission à Saint-Cyr. Le 26 octobre de l'année suivante, il remplaçait Viollet-le-Duc comme professeur d'esthétique et d'histoire de l'art à l'École des beaux-arts. Il était bien vengé des persécutions de 1851 et 1852.

Il avait cependant, à ce moment même, soulevé de nouvelles tempêtes et avait eu à subir de violentes attaques. La nomination de Renan au Collège de France et la candidature de Taine à l'École polytechnique avaient alarmé monseigneur Dupanloup. Il avait lancé, en 1863, un virulent *Avertissement à la Jeunesse et aux Pères de famille*, dirigé contre MM. Renan, Taine et Littré, auxquels il avait joint, bien gratuitement, l'inoffensif M. Maury. Cet avertissement était un appel peu déguisé de l'autorité ecclésiastique au bras séculier. Le bras séculier sévit en effet. Le cours de Renan fut suspendu et la nomination de Taine à Saint-Cyr, un instant rapportée, ne fut confirmée que sur l'intervention pressante de la princesse Mathilde. Au mois de décembre 1863, paraissait l'*Histoire de la Littérature anglaise*, précédée d'une introduction où se trouvait exposée, sans aucun ménagement pour les idées reçues, une philosophie de l'histoire strictement déterministe. Taine présenta son ouvrage à l'Académie française pour le prix Bordin. En 1864 comme en 1854, il eut M. Guizot pour chaud défenseur ; mais cette fois l'hérésie n'était plus latente comme dans l'*Essai sur Tite-Live*, elle se faisait agressive; elle était développée dans tout l'ouvrage et condensée dans l'introduction en corps de doctrine. M. de Falloux et monseigneur Dupanloup attaquèrent Taine avec violence; Sainte-Beuve et Guizot le défendirent avec ardeur. Après trois séances de discussions passionnées, l'Académie décida que le prix ne pouvant être donné à M. Taine ne serait décerné à personne [1]. Cette décision sans précédents était le plus flatteur des hommages. Taine ne devait plus se soumettre aux suffrages de l'Académie

1. Le rapport de M. Villemain est curieux à relire. Il porte la trace de l'amusant embarras où se trouvait cet homme d'esprit. Tout en rendant hommage « à cet important travail d'érudition et d'esprit, œuvre inégale et forte d'un savant et d'un écrivain », M. Villemain déclarait qu'à cette œuvre « était attachée une erreur que le talent ne pouvait corriger et dont parfois il aggravait la portée. C'est la doctrine qui n'explique le monde, la pensée, le génie que par les forces vives de la nature... Toute opinion n'a pas le droit de se faire indifféremment accepter pour un honneur public. La liberté qu'on se donne... doit prévoir et tolérer la libre contradiction, et la libre contradiction peut refuser son suffrage à l'œuvre habile et brillante dont elle juge le principe erroné... Cette erreur, sans cesse et à tout propos reproduite, était trop inséparable du livre. Une redite aussi fréquente n'a pas semblé seulement un défaut de composition, et l'Académie, dans la négation de vérités nécessaires, a vu pour elle l'impossibilité de couronner le talent qui les méconnaît. Elle a décidé qu'on ne donnerait pas le prix cette année. »

que comme candidat, une première fois en 1874 où il échoua dans une triple élection contre MM. Mézières, Caro et Dumas, et deux fois en 1878 où, après avoir échoué en mai contre H. Martin, il fut enfin élu en novembre en remplacement de M. de Loménie, peu de temps après Renan. Entre la première et la troisième élection avaient paru les deux premiers volumes des *Origines de la France contemporaine*; et, par un curieux revirement, il fut soutenu en 1878 par beaucoup de ceux qui l'avaient combattu en 1864 et 1874. Il apporta, dans l'accomplissement de ses devoirs académiques, la scrupuleuse conscience qu'il mettait à toutes choses, et il ne tarda pas à acquérir une réelle autorité dans cette compagnie à laquelle il avait inspiré une si longue défiance.

Les années 1864 à 1870 forment une période nouvelle et particulièrement heureuse dans la vie de Taine. Ce n'est plus le travail solitaire et claustral des années 1852 à 1854; ce n'est plus l'exubérance un peu batailleuse des années 1855 à 1864; c'est une activité calme, régulière et comme épanouie. Il aimait ses fonctions d'examinateur pour Saint-Cyr, non seulement parce que trois mois de travail assidu lui assuraient une situation matérielle qui, avec ses habitudes de vie simple, était presque la richesse, mais aussi parce que ses tournées en province lui permettaient de faire une enquête minutieuse sur la société française, département par département, interrogeant ses anciens camarades, faisant causer, suivant sa coutume, bourgeois, ouvriers et paysans. L'École des beaux-arts, où il devait professer vingt ans, de 1864 à 1883, avec une seule interruption en 1876-77 [1], ne prenait également qu'une part très limitée de son temps. Il n'avait que douze leçons à donner par an et il avait borné son enseignement, réparti sur un cycle de cinq ans, aux exemples les plus caractéristiques à ses yeux, la Grèce, l'Italie et les Pays-Bas. L'Italie occupait à elle seule trois années, une année était donnée aux Pays-Bas et une à la Grèce. Il connaissait particulièrement bien l'Italie et songea même un instant à lui consacrer un ouvrage étendu. Il y fit plusieurs voyages et, par une heureuse coïncidence, l'année même où il fut nommé à l'École des beaux-arts, il y avait passé trois mois, de février à mai 1864, pour se reposer des fatigues

1. Il fit quelques leçons en 1871, avant et après la Commune. En 1877, il fut remplacé par M. G. Berger, qui fit un cours sur l'art français.

causées par l'achèvement de sa *Littérature anglaise*. Mais ce voyage, qui lui fournit la matière des deux étincelants volumes publiés en articles dans la *Revue des Deux Mondes*, de décembre 1864 à mai 1866[1], ne fut guère un repos pour lui. Il passait ses journées dans les églises et dans les musées, lisait beaucoup, prenait des notes sans nombre, et allait le soir dans le monde, étudiant l'Italie moderne, sociale et politique, avec autant de soin qu'il étudiait l'Italie ancienne dans son histoire et ses monuments [2]. A peine installé dans sa chaire,

1. Ils furent réunis en deux volumes in-8, cette même année 1866.

2. Nous en avons la preuve dans une lettre à E. Havet, du 29 avril 1864.

« Tout bourgeois, commerçant, rentier, tout homme qui est capable de lire un journal est pour l'unité de l'Italie et pour la monarchie constitutionnelle unitaire. Les Italiens ont un grand sens politique et il n'y a peut-être pas sur quinze un républicain. Aucune racine pour le socialisme et pour les idées niveleuses dans ce pays. Cela n'est pas dans le tempérament de la nation, et il y a une sorte de bonhomie générale, de familiarité ancienne entre les riches et les pauvres, entre les nobles et les roturiers, qui ne laisse aucun avenir à Mazzini et aux idées de 93. Je ne crois pas non plus au provincialisme. Ils sentent tous que, tant qu'ils ne seront pas une grande nation armée, ils seront, comme autrefois, à la merci de tout envahisseur. Une partie considérable de la noblesse, même dans les anciennes provinces papales, est constitutionnelle et libérale. Ce sont seulement quelques grands seigneurs arriérés, parents de tel ou tel cardinal, qui sont pour le pape. A Spolète, par exemple, on en compte deux. Seule, la grande

il publiait coup sur coup la *Philosophie de l'Art* (1865), la *Philosophie de l'Art en Italie* (1866), *l'Idéal dans l'Art* (1867), la *Philosophie de l'Art dans les Pays-Bas* (1868), et la *Philosophie de l'Art en Grèce* (1869), petits écrits qui devaient être réunis plus tard (1880), en deux volumes, sous le titre de : *Philosophie de l'Art*. Ce titre était exact, car ces petits livres si vivants, si pleins de faits et d'images, ne sont pas autre chose que la démonstration, par des exemples

noblesse de Rome, à l'exception de quatre familles, est papaline. Joignez à cela la majorité du clergé, la foule des protégés qui vivent par ces grandes familles, et dans les provinces, la majorité des paysans, sortes de sauvages énergiques, bien plus incultes que les nôtres. C'est de ce côté que se tournent tous les efforts de la bourgeoisie gouvernante. Ils comptent pour une recrue tout homme qui apprend à lire. C'est pourquoi ils établissent partout des écoles communales. Les Italiens s'instruisent très vite. On a établi par expérience qu'un Napolitain peut apprendre à lire et à écrire en trois mois, même lorsqu'il est adulte. Deux autres institutions fort puissantes agissent dans le même sens, la garde nationale et l'armée. L'homme du peuple y prend des idées d'honneur, des habitudes de propreté, une sorte d'éducation. J'oubliais de dire qu'ils comptent beaucoup, surtout à Naples, sur l'augmentation de la richesse publique. Dès que le paysan a quelque argent ou un peu de terre, il prend les idées d'un bourgeois. La plantation du coton, les grands travaux qui se font de toutes parts, l'élan nouveau de l'activité privée et publique, la vente des biens ecclésiastiques contribuent à ce grand changement. Si pendant dix ans encore la France empêche l'Autriche d'envahir l'Italie, ils comptent que le nombre des libéraux sera doublé et que la nation sera faite. Voilà ce que je crois avoir démêlé... en causant avec des gens de toute classe. »

tirés de l'histoire de l'art, des idées dont la *Littérature anglaise* avait donné la démonstration par des exemples tirés de l'histoire littéraire.

Il caractérise admirablement sa conception de l'histoire, dans une lettre à E. Havet du 29 avril 1864 :

« Je n'ai jamais prétendu qu'il y eût en histoire ni dans les sciences morales des théorèmes analogues à ceux de la géométrie[1]. L'histoire n'est pas une science analogue à la géométrie, mais à la physiologie et à la zoologie. De même qu'il y a des rapports fixes, mais non mesurables quantitativement, entre les organes et les fonctions d'un corps vivant, de même il y a des rapports précis, mais non susceptibles d'évaluations numériques, entre les groupes de faits qui composent la vie sociale et morale. J'ai dit cela expressément dans ma préface en distinguant entre les sciences exactes et les sciences inexactes, c'est-à-dire les sciences qui se groupent autour des mathématiques et les sciences qui se groupent autour de l'histoire, toutes deux opérant sur des quantités, mais les premières sur des quantités mesurables, les secondes sur

1. Il avait pourtant défini l'histoire « une géométrie vivante ».

des quantités non mesurables. La question se réduit donc à savoir si l'on peut établir des rapports précis non mesurables entre les groupes moraux, c'est-à-dire entre la religion, la philosophie, l'État social, etc., d'un siècle ou d'une nation. Ce sont ces rapports précis, ces relations générales nécessaires que j'appelle *lois*, avec Montesquieu ; c'est aussi le nom qu'on leur a donné en zoologie et en botanique. La préface expose le système de ces lois historiques, les connexions générales des grands événements, les causes de ces connexions, la classification de ces causes, bref, les conditions du développement et des transformations humaines... Vous citez mon parallèle entre la conception psychologique de Shakspeare et celle de nos classiques français, et vous dites que ce ne sont pas là des lois; ce sont des types, et j'ai fait ce que font les zoologistes lorsque, prenant les poissons et les mammifères, par exemple, ils extraient de toute la classe et de ses innombrables espèces un type idéal, une forme abstraite commune à tous, persistant en tous, dont tous les traits sont liés, pour montrer ensuite comment le type unique, combiné avec les circonstances générales, doit produire les espèces. C'est là une construction scientifique semblable à la mienne. Je ne prétends pas plus qu'eux deviner, sans l'avoir vu et disséqué, un être vivant, mais j'essaie comme eux d'indiquer les types généraux sur lesquels sont bâtis les êtres vivants, et ma méthode de construction ou de reconstruction a la même portée en même temps que les mêmes limites.

» Je tiens à mon idée parce que je la crois vraie, et capable, si elle tombe plus tard en bonnes mains, de produire de bons fruits. Elle traîne par terre depuis Montesquieu ; je l'ai ramassée, voilà tout. »

Tout en publiant ses *Nouveaux Essais de critique et d'histoire* (1865), il se délassait du professorat et de ses travaux de longue haleine en réunissant, dans un cadre de fantaisie, les notes qu'il avait prises depuis dix ans sur Paris et la société française. Bien que la *Vie parisienne*, où *la Vie et opinions de Thomas Graindorge* parut de 1863 à 1865 [1], fût loin d'être alors ce qu'elle est devenue depuis, on eut quelque peine à reconnaître l'auteur de *la Littérature anglaise* sous les traits du marchand

1. *Graindorge* fut publié en volume en 1868.

de porcs de Chicago; et, tout en admirant la verve de Graindorge et la profondeur philosophique de quelques-uns de ses traits satiriques, on fut bien aise de retrouver le vrai Taine dans le volume complémentaire de *la Littérature anglaise*, paru en 1867, et consacré à l'époque contemporaine.

Cette œuvre achevée, bien des projets s'agitaient dans son cerveau. Il traça le plan d'un livre sur *les Lois de l'Histoire*, puis d'un autre sur *la Religion et la Société en France au* XIXe *siècle*. Enfin, il se décida à donner au public le livre qu'il méditait et auquel il travaillait sans cesse depuis 1851, sa Théorie de *l'Intelligence*. Il s'y consacra tout entier en 1868 et 1869 et l'ouvrage parut en janvier 1870. C'est l'œuvre maîtresse de Taine par la force et l'originalité des idées, par la solidité de la construction, par la fermeté et l'austère beauté du style. Tous les travaux de psychologie qui ont été entrepris depuis lors sont tributaires de cet ouvrage magistral, que les découvertes ultérieures de la science n'ont fait que confirmer dans presque toutes ses parties. Ce livre était si bien le fruit naturel et lentement mûri de tout le développement intellectuel de Taine que sa composition, loin d'être une fatigue, fut une joie. Il en possédait toutes les parties tellement présentes à son esprit que la dernière copie fut écrite par lui sans brouillon sous les yeux et presque sans rature.

Pendant ces années, un grand changement était survenu dans la vie de Taine. Le 8 juin 1868, il avait épousé mademoiselle Denuelle, la fille d'un architecte de grand mérite. Je contreviendrais à la volonté maintes fois exprimée de M. Taine si je faisais ici autre chose que l'histoire de ses livres et de son esprit; mais cette histoire serait-elle complète si je ne disais pas que dans l'existence nouvelle et plus large qui lui était faite, dans les affections qui s'ajoutaient sans rien leur retrancher à celles dont son cœur avait vécu jusque-là, dans la présence d'une femme capable et digne de s'associer à tous ses intérêts, et d'enfants qui ne lui ont apporté que de la joie et de la fierté, il a trouvé, avec un bonheur complet, les forces nécessaires pour accomplir la dernière et la plus fatigante partie de son œuvre. Il put organiser sa vie selon les exigences de son travail et de sa santé, renoncer entièrement aux obligations mondaines sans avoir à souffrir de la solitude, se faire le centre d'un cercle choisi de lettrés, de savants et d'artistes, passer de longs mois à la campagne sur les bords du lac d'Annecy, dans cette charmante propriété de Boringe qu'il acquit en 1874, où il trouvait, avec un renouveau de vigueur, le calme indispensable pour mettre en œuvre les matériaux accumulés à Paris pendant l'hiver, et où sa famille et ses amis jouissaient délicieusement, dans de longues et libres causeries, des trésors de son cœur et de son esprit, répandus sans compter avec une bonne grâce toujours souriante.

Ce bonheur domestique, ces joies intimes allaient lui être particulièrement nécessaires dans les jours troublés qui se préparaient pour la France et qui devaient lui imposer une tâche inattendue et accablante. Une fois sa psychologie théorique fixée dans le livre de *l'Intelligence*, il songeait, comme diversion à ce grand effort d'abstraction, à revenir aux choses concrètes et vivantes, en continuant les études de psychologie sociale, les observations de mœurs qui étaient à ses yeux la base même de la philosophie et de l'histoire. Il avait rapporté d'un long séjour en Angleterre, en 1858, des notes abondantes, qu'il devait publier en 1872 après les avoir complétées dans un second voyage en 1871. *Graindorge* est un ouvrage du même genre sous une forme humoristique. Ses voyages en France et en Italie lui avaient fourni des notes analogues qu'il comptait utiliser un jour. Il lui manquait la connaissance directe de l'Allemagne dont la transformation récente par la conquête prussienne lui paraissait mériter une étude. Il partit le 28 juin 1870 pour la visiter. Il avait déjà vu Francfort, Weimar, Leipsig, Dresde, quand son voyage fut subitement interrompu par un deuil de famille et par la déclaration de la guerre.

Son projet de livre sur l'Allemagne ne devait jamais être repris. Une œuvre nouvelle s'imposait à lui. A Tours, où il avait passé l'hiver de 1870-1871, il avait pu voir de près, dans les jours de crise révolutionnaire et de désarroi universel, les vices de la machine gouvernementale et les défaillances de l'esprit public. En se rendant pendant la Commune en Angleterre, où il avait été appelé pour faire des conférences à Oxford, il fut frappé de la puissance de ce pays aux fortes traditions historiques, en regard de la désorganisation du pays qui avait en 1789 fait table rase du passé pour reconstruire l'édifice politique et social d'après des vues de l'esprit. Il avait été bouleversé jusqu'au fond de l'âme par la guerre, par les conditions cruelles de la paix, par les atrocités de la Commune. Il sentait la nécessité pour tout Français, dans ce naufrage de la grandeur nationale, de travailler au salut de la France. Il publiait, le 9 octobre 1870, un admirable article sur *l'Opinion en Allemagne et les conditions de la paix* et, en 1871, une brochure pleine de sagesse sur *le Suffrage universel et la manière de voter*, où il exposait les avantages du suffrage à deux degrés. Il prit une part active et un intérêt passionné à la création de l'École des sciences politiques, fondée par son ami E. Boutmy, et dans laquelle il voyait un instrument puissant de relèvement social.

Les projets plus ou moins vagues qu'il avait naguère conçus de travaux sur la Révolution, sur les lois de l'histoire, sur la société et la religion en France, se représentaient à lui sous une forme nouvelle : expliquer par l'étude des révolutions survenues entre 1789 et 1804 l'état d'instabilité politique et de malaise social dont souffre la France et qui l'affaiblit graduellement.

Il allait avoir à appliquer à une grande période de l'histoire, les principes et la méthode qu'il avait déjà appliqués à la littérature et à l'art ; mais il n'allait pas apporter, à cette tentative nouvelle, tout à fait le même esprit. Sans doute, il procédera toujours en philosophe et en savant; il pensera toujours que faire de la science est la meilleure manière de faire de la politique ; mais ce ne sera plus de la science absolument désintéressée. Il ne pourra plus dire, comme autrefois, qu'il a fait deux parts de lui-même, et que l'homme qui écrit ne s'inquiète pas si l'on peut tirer de la vérité des effets utiles, ignore s'il est célibataire ou marié, s'il existe des Français ou non. L'homme qui écrit sera désormais un Français, marié, qui s'inquiète pour ses concitoyens et pour ses enfants des destinées de la patrie, et qui songe à lui être utile, en lui révélant les causes des maux dont elle est travaillée. Il ne sera plus un naturaliste qui décrit avec une curiosité également amusée des monstres ou des êtres normaux, les ravages des tempêtes ou le retour régulier des marées ; il sera un médecin au lit d'un malade, épiant les symptômes du mal, anxieux d'en diagnostiquer la nature et désireux de le guérir. Il est trop modeste pour s'imaginer qu'il possède le remède, mais il croit fermement que la science le découvrira. Pour lui, il sera satisfait s'il a contribué à éclairer le patient sur les causes de sa maladie :

« Mon livre, écrit-il à E. Havet, le 24 mars 1878, si j'ai assez de force et de santé pour l'achever, sera une consultation de médecin. Avant que le malade accepte la consultation du médecin, il faut beaucoup de temps ; il y aura des imprudences et des rechutes ; au préalable, il faut que les médecins, qui ne sont pas du même avis, se mettent d'accord. Mais je crois qu'ils finiront par s'y mettre, et les raisons de mon espérance sont celles-ci : on peut considérer la Révolution française comme la première application des sciences morales aux affaires humaines ; ces sciences, en 1785, étaient à peine ébauchées ; leur méthode était mauvaise ; elles procédaient *a priori* ; leurs solutions étaient bornées, précipitées, fausses. Combinées avec le fâcheux état des affaires publiques, elles ont produit la catastrophe de 1789 et la très imparfaite réorganisation de 1800. Mais, après une longue interruption et un véritable avortement, voici que ces sciences recommencent à fleurir ; elles ont changé complètement de méthode et se font *a posteriori*. En vertu de cette méthode, leurs solutions seront toutes différentes, bien plus pratiques. La notion qu'elles donneront de l'Etat sera neuve... — Insensiblement, l'opinion changera; elle changera à propos de la Révolution française, de l'Empire, du suffrage universel direct, du rôle de l'aristocratie et des corps dans les sociétés humaines. Il est probable qu'au bout d'un siècle, une pareille opinion aura quelque influence sur les Chambres, sur le Gouvernement. Voilà mon espérance; j'apporte un caillou dans une ornière, mais dix mille charretées de cailloux bien posés et bien tassés finiront par faire une route... La reine légitime du monde et de l'avenir n'est pas ce qu'en 1789 on nommait la *raison*: c'est ce qu'en 1878 on nomme la *science*. »

Il disait dans la même lettre:

« J'ai écrit en conscience, après l'enquête la plus étendue et la plus minutieuse dont j'ai été capable. Avant d'écrire, j'inclinais à penser comme la majorité des Français, seulement mes opinions étaient une impression plus ou moins vague et non une foi. C'est l'étude des documents qui m'a rendu iconoclaste. Le point essentiel... ce sont les idées que nous

nous faisons des principes de 89. A mes yeux, ce sont ceux du *Contrat social*, par conséquent ils sont faux et malfaisants... Rien de plus beau que les formules *Liberté*, *Égalité* ou, comme le dit Michelet, en un seul mot, *Justice*. Le cœur de tout homme qui n'est pas un sot ou un drôle est pour elles. Mais en elles-mêmes elles sont si vagues, qu'on ne peut les accepter sans savoir au préalable le sens qu'on y attache. Or, appliquées à l'organisation sociale, ces formules, en 1789, signifiaient une conception courte, grossière et pernicieuse de l'État. C'est sur ce point que j'ai insisté ; d'autant plus que la conception dure encore et que la structure de la France, telle qu'elle a été faite de 1800 à 1810, par le Consulat et l'Empire, n'a pas changé. Nous en souffrirons probablement encore pendant un siècle et peut-être davantage. Cette structure a fait de la France une puissance de second ordre ; nous lui devons nos révolutions et nos dictatures. »

Il faut toujours se rappeler, en lisant son grand ouvrage des *Origines*, dans quel esprit il l'a écrit, quel caractère et quel but il lui a assignés. Cela est nécessaire pour le bien comprendre, pour apprécier avec équité ce qui nous paraît au premier abord excessif, exclusif ou erroné. Si Taine, comme tous les médecins très consciencieux, fut disposé à s'exagérer la gravité du mal, il était, par contre, incapable de chercher à flatter les goûts du malade, et les divers partis politiques qui ont tour à tour vu en lui un allié ou un adversaire se sont également mépris sur ses intentions. La recherche de la popularité lui était aussi étrangère que la crainte du scandale. Son premier volume a indigné les admirateurs de l'ancien régime, les trois suivants ceux de la Révolution, les deux derniers ceux de l'Empire. Pour lui, il se sentait aussi incapable de donner un avis sur leurs querelles que Spinoza l'eût été de se prononcer entre les Arminiens et les Gomaristes [1]. Il était en dehors et au-dessus des partis; il ne songeait qu'à la France et à la science.

1. Il écrivait à Havet, le 18 novembre 1885: « Je n'ai pas d'opinions arrêtées sur le présent; je cherche à m'en faire une; mais probablement je n'en aurai jamais, parce que les documents, l'éducation, la préparation me manquent. J'entends une opinion scientifique; pour ce qui est de mes impressions, j'en fais bon marché; elles sont sans valeur, comme celles de tout particulier et de tout public. Mon but est d'être collaborateur dans un système de recherches qui, dans un demi-siècle, permettra aux hommes de bonne volonté autre chose que des

Il s'était mis à sa tâche avec une conscience et une énergie que rien ne pouvait ébranler, ni les défaillances de sa santé, ni les fausses appréciations de la critique et du public. Depuis l'automne de 1871, les *Origines de la France contemporaine* prirent tout son temps et toutes ses pensées [1].

Il faisait lui-même l'énorme travail préparatoire de lecture et de dépouillement des textes manuscrits et imprimés; les notes innombrables qui lui ont servi de matériaux ont toutes été prises de sa main. Il jugeait en outre nécessaire d'acquérir en législation, en droit administratif, en matière financière, la compétence d'un spécialiste. En 1884, il renonça à son

impressions sentimentales ou égoïstes sur les affaires publiques de leur temps. C'est dans ce but que nous avons fondé l'*École des sciences politiques*. Visiblement une pareille méthode, qui est une sorte d'anatomie sociale, choquera, dans ses premières comme dans ses dernières conclusions, beaucoup de sentiments généreux et respectables. Mais les partisans de l'expérience sont trop libres d'esprit pour ne pas accorder à l'outil précieux dont ils connaissent les services, la permission de travailler partout, même au vif de leurs plus chères convictions. »

1. Un travail préparatoire, la traduction des lettres d'une Anglaise, témoin de la Révolution de 1792 à 1795, parut en 1872. *(Un séjour en France de 1792 à 1795)*. Le volume de l'*Ancien régime* est de 1875, les trois volumes sur *la Révolution* se succédèrent en 1878, 1881, 1884; le premier volume du *Régime nouveau* parut en 1891; le second, laissé inachevé, a paru en 1893.

enseignement de l'École des beaux-arts pour pouvoir se consacrer plus entièrement à sa tâche. Il a succombé avant de l'avoir achevée. Il tomba malade dans l'automne de 1892 et mourut le 5 mars 1893. Il lui restait à tracer le tableau de la famille et de la société françaises, dont il avait recueilli les éléments dès 1866, et à exposer le développement des sciences et de l'esprit scientifique au XIXe siècle. Ce dernier livre eût été comme sa confession de foi philosophique et la conclusion naturelle de l'ouvrage, car il y aurait indiqué les voies où la France devra un jour trouver la guérison de ses maux et la réparation de ses erreurs. Ses *Origines* terminées, il devait revenir à un projet déjà ancien et écrire un *Traité de la volonté*. Ce travail de pure psychologie eût été le couronnement de la dernière phase de son activité intellectuelle comme les *Philosophes français* en terminent la première et l'*Intelligence* la seconde. Son œuvre de littérateur et d'historien, qui a ses racines dans sa conception philosophique du monde et de l'homme, se serait ainsi trouvée encadrée entre trois ouvrages de philosophie, le premier consacré à la critique et à la négation, les deux autres à l'affirmation et à la reconstruction.

Il est à jamais déplorable que Taine n'ait pas pu donner à sa théorie de *l'Intelligence* son pendant et son complément naturel dans une théorie de la *Volonté*. Il eût été beau de voir le plus mystérieux des phénomènes psychiques expliqué et analysé par un homme dont la vie et l'activité tout entières ont été un miracle de volonté, et il aurait contribué à ramener sur le terrain solide de l'observation psychologique et de la science positive une génération qui semble parfois disposée à ne voir dans les conquêtes de la science que des domaines nouveaux ouverts à la rêverie.

Bien qu'elle soit demeurée inachevée, l'œuvre de Taine nous impose par sa grandeur, sa grandeur et son unité. *L'Intelligence* (1868-1870) en forme le centre et en donne la clef. Tous ses autres écrits n'en sont que des illustrations. De 1848 à 1853 il fixe pour lui-même sa méthode et son système; de 1853 à 1858 il parcourt l'histoire et le monde pour chercher dans des cas particuliers (*La Fontaine*, *Tite-Live*, les *Essais*) des vérifications de cette méthode et de ce système; de 1858 à 1868 il les applique à de larges généralisations littéraires et artistiques, de 1870 à 1893 à une vaste généralisation historique. Il y a peu d'exemples d'une pensée aussi fidèle à elle-même, aussi nettement formulée dès le début, aussi rigoureusement maintenue jusqu'au bout dans sa ligne inflexible à travers une accumulation incessante de faits, un jaillissement intarissable d'idées et d'images. De la première ébauche de sa thèse sur les sensations au dernier chapitre de ses *Origines*, Taine reste identique à lui-même, et la préface du *Tite-Live*, la conclusion des *Philosophes français*, l'*Introduction à la Littérature anglaise*, le livre de l'*Intelligence*, marquent les points de repère d'un système plutôt que les étapes d'une pensée qui évolue.

La conception que les penseurs se font de l'Univers n'est que l'image agrandie de leur propre personnalité intellectuelle. L'œuvre de Taine a été ce que l'Univers était pour lui : le rayonnement prodigieusement varié et merveilleusement coloré d'une pensée unique. Il n'est pas d'écrits qui, mieux que les siens, puissent servir à illustrer son système. Il faut ajouter, il est vrai, que dans les applications de détail il avait, avec les années, gagné en largeur de compréhension et en chaleur de sympathie, et que son intransigeance de logicien s'était assouplie depuis le temps où le M. Pierre des *Philosophes français* réduisait tout en chiffres.

Dans sa *Philosophie de l'art* il mêlait un élément moral à l'appréciation esthétique en tenant compte du degré de bienfaisance de l'œuvre d'art, tandis qu'auparavant, dans la morale même, il ne tenait compte que du degré de perfection des types, du degré de généralité des actes. On trouve dans sa *Littérature anglaise* des pages sur la Réforme, dans ses *Origines* des pages sur le rôle social et moral du catholicisme, que sans doute il n'eut pas écrites en 1851 ou 1852. Mais le fond de sa pensée n'a point varié. Jusqu'à son dernier jour, Marc-Aurèle reste pour lui ce qu'il était en 1851, son catéchisme. Peu de temps avant de mourir il déclarait que si le champ des hypothèses métaphysiques et des possibilités infinies s'était élargi pour son esprit, il lui était toujours impossible d'admettre l'existence d'un Dieu personnel gouvernant arbitrairement le monde par des volontés particulières.

Taine a justifié par sa vie entière la justesse du jugement porté sur lui par M. Vacherot en 1850. Il a vécu pour penser. Il a servi ce qu'il a cru la vérité avec une fermeté indomptable, désintéressée et résignée. On peut trouver en lui des lacunes, on n'y trouvera pas une tache.

III

L'HOMME ET L'ŒUVRE

La mort de Taine, suivant de si près celle de Renan, a véritablement découronné la France. Elle avait le privilège de posséder deux de ces hommes exceptionnels dont le cerveau encyclopédique embrasse toute la science d'une époque, en exprime toutes les tendances intellectuelles et morales et domine d'assez haut la nature et l'histoire pour s'élever à une conception personnelle de l'univers. En cinq mois, ces deux hommes, si différents l'un de l'autre par leur caractère comme par leurs qualités d'écrivains et de penseurs, mais qui n'en incarnaient que mieux les aptitudes diverses de leur nation et de leur pays, et qui étaient universellement reconnus comme les interprètes et les maîtres les plus autorisés de la génération qui a vécu de 1850 à 1880, ont été enlevés par la mort dans toute la plénitude de leur talent.

Tous deux ont fait de la science la maîtresse de leurs pensées et de la vérité scientifique le but de leurs efforts ; tous deux ont travaillé à hâter le moment où une conception scientifique de l'univers succédera aux conceptions théologiques ; mais, tandis que Taine croyait pouvoir jeter les assises d'un système défini et posséder des vérités certaines et démontrables, sans se permettre de sortir jamais du cercle assez étroit de ces vérités acquises, Renan se plaisait, au contraire, aux échappées du sentiment et du rêve dans le domaine de l'incertain, de l'inconnu ou même de l'inconnaissable; il aimait à remettre en question les résultats considérés comme établis, à prémunir les esprits contre une trop grande sécurité intellectuelle. Aussi son action a-t-elle quelque chose de contradictoire. Les esprits les plus opposés se réclament de lui. Il prépare en quelque mesure la réaction momentanée que nous voyons se produire aujourd'hui contre les tendances positives et scientifiques de l'époque précédente. Il plane au-dessus de son temps et de sa propre œuvre par son ironie comme par les envolées de ses espérances et de ses rêves. L'œuvre de Taine, au contraire, plus limitée, mais d'une solide unité, d'une logique inflexible, est en étroite relation avec le temps où il a vécu; elle a fortement agi sur ce temps et en a été la plus complète et la plus juste expression.

I

Taine a été le philosophe et le théoricien du mouvement réaliste et scientifique qui a succédé en France au mouvement romantique et éclectique. L'époque qui s'étend de 1820 à 1850 avait vu se produire une réaction contre ce qu'il y avait de vide, de conventionnel et de stérile dans l'art, la littérature et la philosophie de l'âge précédent. Aux formules étroites et immuables de l'école classique de la décadence, elle opposa le principe de la liberté dans l'art; à l'imitation servile de l'antiquité, des sources toutes nouvelles d'inspiration cherchées dans les chefs-d'œuvre de tous les temps et de tous les pays; à un style uniforme dans sa régularité terne et convenue, la variété et les caprices du goût individuel ; à la timidité et au terre à terre de l'idéologie, les larges horizons d'un spiritualisme éclectique où trouvaient place toutes les grandes doctrines qui avaient tour à tour dominé ou séduit l'esprit humain, et qui prétendait même concilier la religion et la philosophie. Mais, si brillante qu'ait été cette époque de l'histoire intellectuelle de la France, quel qu'ait été le génie de quelques-uns des hommes et la beauté de quelques-unes des œuvres qu'elle a enfantés, bien qu'elle ait élargi le goût comme la pensée et donné à la littérature et à l'art plus d'originalité, de couleur et de vie, elle n'avait pas entièrement satisfait les espérances qu'elle avait fait naître. Elle s'était trompée en prenant pour un principe de l'art la liberté, qui n'en est qu'une condition. Son éclectisme superficiel, son syncrétisme confus avaient manqué d'unité d'action, d'idéal défini, de principe organique. Elle avait remplacé certaines conventions par des conventions nouvelles, une rhétorique vieillie par une autre rhétorique qui avait pris des rides en quelques années; elle était tombée, elle aussi, dans le vague, la déclamation, le lieu commun ; elle avait cru que l'inspiration et le caprice pouvaient tenir lieu d'étude, et qu'on pouvait deviner l'histoire et l'âme humaine, les peindre et les décrire par à peu près. La philosophie enfin était très vite tombée dans le plus stérile bavardage, en restant étrangère au mouvement scientifique qui renouvelait à côté d'elle la science de l'homme et de la nature et les bases expérimentales de la psychologie.

Les générations qui sont arrivées à l'âge adulte vers 1850 et dans les vingt années qui ont suivi, tout en acceptant dans une large mesure l'héritage du romantisme, en rejetant comme lui les règles surannées du classicisme au nom de la liberté dans l'art, en cherchant comme lui la couleur et la vie, se sont cependant nettement séparées de lui. Au lieu de laisser le champ libre à l'imagination et au sentiment individuel, de permettre à chacun de se forger un idéal vague et tout subjectif, elles ont eu un principe commun d'art et de vie : la recherche du vrai ; non pas de ces conceptions abstraites, arbitraires et subjectives de l'esprit ou de ces rêves de l'imagination qu'on décore souvent du nom de vérité, mais du vrai objectif et démontrable cherché dans la réalité concrète, de la vérité scientifique en un mot. Cette tendance a été si générale, si profonde, si vraiment organique qu'on retrouve cette même recherche passionnée de la vérité, du réalisme scientifique dans tous les ordres de productions intellectuelles, que leurs auteurs en eussent ou non conscience ; dans les tableaux de Meissonier, de Millet, de Bastien-Lepage et de l'école du plein air comme dans les drames d'Augier ; dans les poésies de Leconte de Lisle, de Hérédia et de Sully-Prudhomme comme dans les ouvrages historiques de Renan et de Fustel de Coulanges ; dans les romans de Flaubert, de Zola et de Maupassant comme dans les livres de Taine. Ce mouvement avait eu des précurseurs illustres, Géricault, Stendhal, Balzac, Mérimée, Sainte-Beuve, A. Comte, et d'autres encore ; mais ce n'est qu'après 1850 que le réalisme scientifique devint vraiment le principe organique de la vie intellectuelle en France. On chercha dans les arts plastiques aussi bien qu'en poésie à perfectionner la technique, à serrer de plus près la nature, à donner plus de précision au style, à observer la vérité historique. Les romanciers apportèrent une conscience extrême à observer la vie, les mœurs, à recueillir des documents vrais, qu'il s'agît de décrire le présent ou de reconstituer le passé. Flaubert emploie les mêmes procédés pour peindre les mœurs d'un village normand ou celles de Carthage au temps de la guerre des mercenaires; Bourget apporte dans l'analyse des personnages d'un roman la précision d'un psychologue de profession; Zola y introduit la physiologie et la pathologie; la poésie de Leconte de Lisle et de Hérédia est nourrie d'érudition, celle de Sully-Prudhomme de science et de philosophie; Coppée est un peintre réaliste des mœurs bourgeoises et populaires. Les historiens apportent à la recherche des documents, à l'exactitude du détail un scrupule parfois excessif; ils ambitionnent par-dessus tout le mérite de savoir critiquer et interpréter sainement les textes. Les philosophes demandent aux mathématiques, à l'histoire naturelle, à la physiologie, les fondements d'une psychologie plus rigoureuse, d'une conception plus rationnelle et plus sûre du monde, d'une connaissance plus précise des lois de la pensée. Claude Bernard et Berthelot sont considérés par les philosophes comme des maîtres et des collaborateurs. Recherche de la vérité extérieure, de la reproduction fidèle des apparences colorées et sensibles de la vie; recherche de la vérité intérieure, du jeu nécessaire des forces et des causes naturelles qui déterminent ces apparences : tel a été le double effort qui a animé nos poètes, nos peintres, nos sculpteurs, nos romanciers et nos philosophes aussi bien que nos savants. Cette unité d'inspiration et de labeur a une incontestable grandeur en dépit des erreurs où le réalisme a entraîné beaucoup de ses adeptes. Taine a la gloire d'avoir eu, plus que tout autre, la conscience de l'état d'âme et d'esprit de sa génération ; philosophe, esthéticien, critique littéraire, historien, il en a manifesté les tendances avec rigueur, éclat et puissance ; il a exercé sur elle une influence profonde. Si l'on retrouve chez lui certaines tendances de cet esprit classique dont il a été le constant adversaire, s'il a pris trop volontiers la simplicité et la clarté pour des preuves de la vérité, s'il a trop aimé les formules absolues et les systématisations logiques, s'il a aussi conservé quelque chose du romantisme dans son goût pour le pittoresque descriptif et pour les génies exubérants et tumultueux, il a eu, par excellence, ce mérite d'aimer la vérité pour elle-même, de croire en elle et à sa vertu bienfaisante, de la chercher par l'effort le plus sincère et le plus désintéressé, et de montrer à sa génération comment on peut allier la recherche passionnée de l'art avec le service austère et modeste de la science.

II

Nous avons dit quelle fut sa vie : laborieuse, simple, sérieuse, ennoblie et illuminée par les joies de l'amitié, de la famille, de la pensée, par l'amour de la nature et de l'art. Le caractère de l'homme était en harmonie parfaite avec sa vie. Il suffisait de l'approcher pour s'en convaincre, car, si sa vie fut cachée aux yeux du monde, nul homme ne fut moins caché, moins secret pour ceux qui eurent le privilège de le fréquenter. Ce grand amant du vrai était vrai et sincère en toutes choses, dans sa pensée, dans ses sentiments, dans ses paroles, dans ses actes. Il avait, ce puissant esprit, le sérieux, la simplicité et la candeur d'un enfant ; et c'est au sérieux, à la simplicité, à la candeur avec lesquels il ouvrait ses regards naïfs et scrutateurs sur le monde et sur les hommes qu'il a dû précisément la puissance d'impression et d'expression qui est son originalité et la marque de son génie. D'où lui venaient ces rares et séduisantes qualités?

Venaient-elles de sa race? On serait presque tenté de le croire quand on lit dans la description de la France par Michelet ce qu'il dit de la population des Ardennes : « La race est distinguée ; quelque chose d'intelligent, de sobre, d'économe ; la figure un peu sèche et taillée à vives arêtes. Ce caractère de sécheresse et de sévérité n'est point particulier à la petite Genève de Sedan ; il est presque partout le même. Le pays n'est pas riche. L'habitant est sérieux. L'esprit critique domine. C'est l'ordinaire chez les gens qui sentent qu'ils valent mieux que leur fortune [1]. » Mais Vouziers est limitrophe entre la Champagne et l'Ardenne, et chez Taine la naïveté malicieuse du Champenois, la flamme pétillante des vins du pays de La Fontaine, un de ses auteurs de prédilection, tempérait la sécheresse ardennaise.

On éprouve toutefois quelque scrupule à parler des influences de race en présence d'une nature aussi exceptionnelle que celle de Taine, aussi consciente, aussi réfléchie, aussi volontaire, et dans laquelle il est si difficile de séparer les mérites intellectuels du penseur et de l'écrivain des vertus personnelles de l'homme.

1. *Histoire de France*, II, 80.

Ce qui frappait avant tout chez lui, c'était sa modestie. Elle se manifestait dans son apparence même. Elle n'avait rien qui attirât les regards. Il était d'une taille plutôt au-dessous de la moyenne; ses traits sans régularité, ses yeux légèrement discors et voilés par des lunettes, son corps un peu chétif, surtout dans sa jeunesse, ne révélaient rien de lui à un observateur inattentif. Mais, en le voyant de près, en causant avec lui, on était frappé du caractère de puissance et de solidité de la structure du crâne et du visage, de l'expression, tantôt réfléchie et comme retournée en dedans, tantôt interrogatrice et pénétrante de son regard, du mélange de douceur et de force de tout son être. A mesure qu'il vieillissait, ce caractère de sérénité robuste et aimable s'était accentué, et le peintre Bonnat l'a bien rendu, dans l'admirable portrait qu'il a fait de son ami, un des rares portraits qui existent de Taine, car sa modestie répugnait à poser devant l'objectif des photographes, comme à répondre à l'indiscrétion des interviewers. Il avait horreur de tout ce qui ressemble au bruit, à la réclame; il fuyait le monde non seulement parce que sa santé et son travail l'exigeaient, mais parce qu'il lui déplaisait d'être un objet de curiosité et de mode. Ce n'était point sauvagerie de sa part, car nul n'était plus accueillant, quand il croyait pouvoir soit donner un conseil, soit recueillir un avis. Non seulement il était exempt de toute affectation, de toute pose, de toute hauteur, mais il avait le don de ne jamais faire sentir sa supériorité, de mettre à l'aise les plus humbles interlocuteurs, de les traiter en amis et en égaux, de leur donner l'illusion qu'il avait quelque chose à recevoir d'eux.

Ce don n'était point l'effet d'un artifice de courtoisie et de condescendance, mais tenait au fond même de sa nature et de ses sentiments. Il venait tout d'abord du sérieux de son caractère. Très sensible au talent, à la beauté, la vérité lui importait bien davantage. Il était bien plus désireux de trouver le vrai que de recueillir des éloges. En toute chose, en tout homme il allait droit au fond, persuadé qu'il y trouverait toujours quelque chose à apprendre, et sa conception, toute scientifique, de la vérité lui faisait attacher un prix infini à l'acquisition des moindres notions, pourvu qu'elles fussent précises et sûres. — Aussi préférait-il par-dessus tout la conversation des hommes qui sont maîtres dans un art, dans une science, voire dans un métier; il savait les questionner et faire son profit de leurs connaissances spéciales pour l'édifice de ses propres conceptions générales. Il préférait une causerie sur le commerce avec un marchand ou sur le jeu avec un enfant à la frivolité des conversations mondaines ou à la rhétorique des demi-savants. La frivolité déclamatoire ou blagueuse lui était odieuse. L'ironie même lui était étrangère, bien qu'il n'ait manqué ni d'enjouement ni de verve satirique.

Sa modestie avait aussi sa source dans sa bonté et sa bienveillance. Quoique sa philosophie fût assez dure pour l'espèce humaine et classât une bonne partie des hommes au nombre des animaux malfaisants, il était en pratique plein d'indulgence, de pitié, charitable comme tous les humbles de cœur. Il avait même cette bonté plus rare qui rend attentif à éviter tout ce qui peut blesser ou affliger, et c'est dans son cœur que sa courtoisie comme sa modestie avaient leur source. Il avait le respect de l'âme humaine; il en savait la faiblesse et se gardait de porter la main sur ce qui peut la fortifier contre le mal ou la consoler dans la douleur. C'est ce qui explique la démarche, mal comprise de quelques-uns, par laquelle ce libre penseur, catholique de naissance et si ferme dans son incroyance, a exprimé le désir d'être enterré selon le rite protestant. Son aversion pour l'esprit de secte, pour les manifestations bruyantes, pour les discussions oiseuses lui faisait redouter un enterrement civil qui aurait pu paraître un acte d'hostilité contre la religion et lui attirer des hommages inspirés plus par le désir de contrister les croyants que par celui d'honorer sa mémoire. Il était heureux, au contraire, de témoigner sa sympathie pour la grande force morale et sociale du christianisme. Un enterrement catholique, d'autre part, eût supposé un acte d'adhésion et une sorte de désaveu de ses doctrines. Il savait que l'Église protestante pouvait lui accorder des prières tout en respectant son indépendance, et sans lui attribuer des regrets ou des espérances qui étaient loin de sa pensée. Il a voulu être conduit à son dernier repos avec la simplicité qu'il portait en toutes choses, sans discours académiques, sans pompe militaire, sans rien aussi qui pût prêter aux disputes passionnées des hommes et ajouter à cette anarchie morale dont il avait cherché à combattre les effets en en démêlant les causes.

Cette bonté, cette douceur, cette réserve, cette modestie, ce respect des sentiments d'autrui ne s'alliaient d'ailleurs à aucune faiblesse de caractère, à aucune complaisance pour les convenances mondaines, à aucune timidité de pensée. La nature pacifique de Taine et ses idées sur les lois de l'évolution sociale s'accordaient à lui inspirer la crainte et l'horreur des révolutions violentes, mais peu d'hommes ont montré dans leur vie intellectuelle une sincérité, une probité aussi courageuse. Il ne concevait même pas qu'une considération personnelle pût arrêter l'expression d'une conviction sérieuse. Il avait, au sortir de l'École normale, sans aucun désir de bravade, compromis sa carrière en exposant sincèrement ses idées philosophiques. Il avait abandonné l'Université pour courir les risques de la carrière littéraire indépendante, sans se donner des airs de martyr ou de héros. Il avait ensuite dans ses ouvrages poursuivi l'exposition de ses idées sans s'inquiéter s'il scandalisait des amis ou des protecteurs, et sans jamais répondre aux attaques de ses adversaires; toute polémique personnelle lui paraissait blessante pour les personnes et inutile à la science; enfin, dans ses *Origines de la France contemporaine*, il avait successivement soulevé contre lui les indignations de tous les partis en leur disant à tous ce qu'il croyait vrai. Cette sincérité courageuse, ce n'est pas seulement vis-à-vis des autres et du monde qu'il l'avait montrée, mais, ce qui est plus rare, il l'avait eue vis-à-vis de lui-même. Ayant eu de bonne heure une idée très nette du domaine réservé à la science, il s'était interdit d'espérer d'elle plus qu'elle ne pouvait lui donner comme aussi d'y mêler aucun élément étranger. Il en séparait nettement la morale pratique [1] et la religion. Il ne lui attribuait aucune vertu mystique et ne lui demandait pas les règles de la vie. Mais, d'un autre côté, dans le domaine qui lui est propre, il l'avait suivie, sans crainte, sans hésitation, sans regrets, sans jamais lui demander où elle le conduisait. Il n'avait jamais admis que rien pût entrer en conflit avec la science. Il se

1. Sa morale, nous l'avons dit, était celle de Marc-Aurèle: vivre conformément à la nature, et il dit que cette morale dépasse toutes les autres en hauteur et en vérité, qu'elle est d'accord avec notre science positive (*Nouveaux Essais de critique et d'histoire*, p. 310). Mais dans son Essai sur Jean Reynaud (*Ibid.*, p. 40), il insiste sur la nécessité de ne pas mêler la morale et la religion à la recherche scientifique. Il ne faut pas que celle-ci soit gênée par des préoccupations étrangères, ni subordonner aux conceptions philosophiques la règle impérative du devoir.

serait fait un reproche, comme d'une faiblesse, de s'inquiéter si la vérité scientifique est triste ou gaie, morale ou immorale. Elle est la vérité, et cela suffit. Il s'est gardé de jamais laisser le sentiment ou l'imagination corrompre la probité, l'austérité et, si je puis dire, la chasteté de sa pensée.

Un tel caractère, une telle vie, une telle œuvre sont le caractère et la vie d'un sage. Je dis d'un sage et non pas d'un saint, car la sainteté suppose quelque chose d'excessif, d'enthousiaste, d'ascétique et de surhumain que Taine pouvait admirer, mais à quoi il ne prétendait pas. Il aimait et pratiquait la vertu, mais une vertu humaine, accessible et simple. Épris du réel et du vrai, il ne se prescrivait point de règle qu'il ne voulût pleinement observer, comme il n'affirmait rien qu'il ne crût pouvoir prouver. Ce n'est point un simple jeu d'esprit que ses beaux sonnets sur les chats[1],

1. Une indiscrétion a permis au *Figaro* de publier ces sonnets au lendemain de la mort de Taine. Nous espérons qu'ils recevront une publicité plus durable que celle d'un journal ; car ils méritent d'être conservés, par leur beauté propre et pour la lumière qu'ils jettent sur le caractère et les idées de leur auteur. Ce sont les seuls vers qu'il ait écrits. Leur perfection nous permet d'apprécier les dons extraordinaires d'assimilation d'un écrivain auquel plus d'un critique a refusé la facilité, trompé par sa puissance.

ces animaux graves, doux, résignés, amis de l'ordre et du confort, pour qui il avait une véritable adoration. Il y exprime non seulement sa sympathie pour eux, mais aussi sa conception de la sagesse, qui réunit Épicure à Zénon. Son idéal de vie n'était pas l'ascétisme chrétien de l'auteur de l'*Imitation* ou des solitaires de Port-Royal, ce n'était pas même le stoïcisme roide et outré d'Epictète, c'était le stoïcisme attendri et raisonnable de Marc-Aurèle. Il a vécu conformément à cet idéal. N'est-ce pas un assez bel éloge?

III

Les théories des philosophes ne sont pas seulement intéressantes par ce qu'elles nous apprennent sur les choses qu'elles prétendent expliquer; elles le sont aussi, plus encore peut-être, par ce qu'elles nous apprennent sur les philosophes eux-mêmes. Nos idées sur les choses ne sont jamais que l'impression subjective faite par le monde extérieur sur notre sensibilité et notre cerveau; ce qu'elles expliquent le mieux, c'est notre propre constitution intellectuelle. La théorie favorite de

Taine sur la genèse des grands hommes consiste à voir en eux des produits de la *race*, du *moment* et du *milieu*, et à démêler ensuite dans leur individualité une faculté maîtresse dont toutes les autres dépendent. On a souvent critiqué cette théorie, si séduisante pourtant; mais, s'il est beaucoup d'hommes de génie à qui elle s'applique avec peine, elle s'applique à merveille à Taine lui-même.

Il est bien de son pays et sa *race*; il est de la lignée des meilleurs esprits français : ami des idées claires et pondérées, de la simplicité harmonieuse; éloquent, rationaliste et raisonneur, point sentimental, point mystique, mais solide, loyal et vrai; amoureux de la beauté des formes et des couleurs. Si ces qualités s'associent chez lui à un ton parfois tranchant, à une sévérité parfois chagrine et satirique, on peut y voir, si l'on veut, une influence de ses origines ardennaises.

Il est, par execellence, comme nous l'avons montré, le représentant de son époque, de son *moment*. L'effondrement, le lamentable fiasco de la République de 1848 avait guéri les Français de l'enthousiasme et des chimères, et dès 1840 Sainte-Beuve déclarait que le romantisme avait avorté. Les esprits étaient tout préparés à accepter des doctrines qui chercheraient dans les faits eux-mêmes leur raison d'être, qui les prendraient comme seule base solide du raisonnement, qui ramèneraient l'art, la littérature, la philosophie, la politique à l'observation du réel, comme au seul principe de vérité et de vie.

Il a reçu enfin profondément l'empreinte du *milieu* où il s'est formé. L'austérité de sa race a été accrue en lui par l'existence laborieuse, solitaire, économe de ses premières années; les injustices dont il a été victime lui ont fait trouver un certain plaisir à affirmer ses idées sans s'inquiéter de l'opinion du monde et à dédaigner les faux jugements dont il était l'objet, qu'il écrivit ses *Philosophes français au XIXe siècle*, la préface de sa *Littérature anglaise* ou les *Origines de la France contemporaine.* Au point de vue intellectuel, on retrouve en lui l'influence des divers milieux qu'il a fréquentés. Il y a chez lui des retours, des ressouvenirs du romantisme qui régnait encore au temps de sa jeunesse, mais ses instincts étaient classiques, comme le montre la préférence qu'il accordait à Musset sur Hugo et Lamartine. L'enseignement universitaire et l'École normale développèrent encore en lui certains côtés de l'esprit classique : le besoin de généraliser et d'abstraire, le goût pour la systématisation et pour la raison oratoire. Il fréquenta ensuite le monde des savants, physiologistes et médecins, et prit comme eux l'habitude de tout rapporter aux phénomènes de la vie physique et de tout soumettre à un déterminisme universel. Il trouva dans ces études les bases de son réalisme scientifique. Enfin, il eut une prédilection marquée pour la société des artistes. Il vit la nature et l'histoire avec des yeux de peintre, attachant une importance extrême à toutes les questions de coloris, de costume, de mœurs, de décor extérieur, où il voyait la traduction sensible de la vie intérieure. Il est, de tous nos grands écrivains, celui dont les procédés descriptifs font le plus songer à ceux de la peinture. Il en a les accumulations de touches successives, les oppositions d'ombres et de lumières, les empâtements; son imagination n'a rien de rêveur, elle est concrète et colorée.

Au milieu de toutes ces influences et de ces aptitudes diverses, quelle a été chez Taine la *faculté maîtresse*, celle qui a dominé et façonné toutes les autres? C'est, il me semble, la puissance logique. Quoi donc? Cet écrivain si coloré, cet historien toujours préoccupé de voir des hommes vivants, agissants, parlants, ce critique qui aime par-dessus tout, dans les œuvres littéraires ou artistiques, la force et l'éclat, Shakespeare, Titien, ou Rubens, aurait eu pour faculté dominante une faculté d'ordre purement scientifique et, pour ainsi dire, mathématique? Il en est ainsi pourtant. Là se trouve sa grandeur et sa faiblesse, le secret de sa puissance et de ses lacunes. Tout se ramène pour lui à un problème de dynamique : l'univers sensible comme le moi humain, une œuvre d'art comme un événement historique. Chacun de ces problèmes est réduit à ses termes les plus simples. Au risque même de mutiler la réalité, la solution est poursuivie avec la rigueur inflexible d'un mathématicien démontrant un théorème, d'un logicien posant un syllogisme. S'il a devant lui un écrivain ou un artiste, il *induit* ce qu'il a dû être de la race, du milieu et du moment; puis, quand il a saisi la faculté maîtresse de son individualité, il en *déduit* tous ses actes et toutes ses œuvres. S'il cherche à déterminer ce qui constitue l'idéal dans l'art, il ne le trouve que dans le degré d'importance et le degré de bienfaisance, c'est-à-dire d'utilité générale, de l'œuvre d'art, et encourt le reproche d'oublier l'élément mystérieux, indéfinissable à cause de son infinie complexité, qui s'appelle la beauté. S'il veut expliquer la France contemporaine, il montrera la foi absolue dans la raison abstraite achevant de détruire un organisme social où les forces naturelles et spontanées, soit individuelles, soit collectives, ont été successivement épuisées et anéanties, et provoquant d'abord l'anarchie révolutionnaire, puis l'écrasante centralisation créée par Napoléon. Tout ce qui ne rentrera pas dans le cadre de cette démonstration, le rôle des parlementaires sous l'ancien régime, l'œuvre de la Constituante, l'action des causes extérieures, guerres et insurrections, se trouvera éliminé comme par définition. Cette faculté logique dominatrice dictera à Taine sa doctrine, qui sera le déterminisme le plus inexorable. Le déterminisme est pour lui, comme pour Claude Bernard, la base de tout progrès et de toute critique scientifique, et il cherche dans le déterminisme l'explication des faits de l'histoire comme celle des œuvres de l'esprit.

Toutefois, si Taine était un logicien, il était un logicien d'une espèce particulière. C'était un logicien réaliste, et sa logique n'opérait que sur des notions concrètes. Ce serait mal comprendre sa doctrine que de la séparer de sa méthode. La forme particulière de ses aptitudes mathématiques nous donne à cet égard un précieux renseignement pour la connaissance de sa constitution intellectuelle. Il était admirablement doué pour les mathématiques et avait au plus haut degré le don du calcul mental. Il pouvait faire de tête des multiplications et des divisions de plusieurs chiffres. Mais cette aptitude calculatrice était associée à un don remarquable d'imagination visuelle. Quand il faisait une opération mentale de ce genre, il voyait les chiffres et opérait comme il aurait fait sur le tableau noir. De même, le travail logique de son esprit avait toujours pour point de départ les faits, observés avec une puissance extraordinaire de vision, recueillis avec une conscience infatigable, groupés avec une méthode rigoureuse. Il procédait en histoire et en critique littéraire ou artistique comme en philosophie. Le point de départ de sa théorie de l'Intelligence, c'est le signe, l'idée n'étant pas autre chose pour lui que le nom d'une série d'expériences impossibles. Le signe est le nom collectif d'une série d'images, l'image est le résultat d'une série de sensations, et la sensation le résultat d'une série de mouvements moléculaires. On remonte ainsi à travers une série de faits sensibles à une action mécanique initiale. De plus, pour lui, et c'est là ce qui le distingue des purs positivistes, le fait et la cause sont identiques. Tandis que le positiviste se contente d'analyser les faits, de constater leur concomitance ou leur succession sans prétendre saisir aucun rapport certain de causalité, Taine, au nom de son déterminisme absolu, voit dans chaque fait un élément nécessaire d'un groupe de faits de même nature qui le détermine et qui en est la cause. Chaque groupe de faits est à son tour conditionné par un groupe plus général qui est aussi sa cause, et on pourrait théoriquement remonter de groupe en groupe jusqu'à une cause unique qui serait la condition de tout ce qui existe. Dans cette conception, la force, l'idée, la cause, le fait arrivent à se confondre, et, si Taine avait cru pouvoir s'élever jusqu'à la métaphysique, j'imagine que cette métaphysique aurait été un mécanisme monistique dans lequel les phénomènes du monde sensible et les idées du moi pensant n'auraient été que les apparences successives que prennent pour nos sens les manifestations de l'être en soi, de l'idée en soi, de l'acte en soi.

Cela nous fait comprendre comment ce grand logicien a été en même temps un grand peintre, comment s'est formé ce style si personnel, où la vigueur du coloris et de l'imagination s'allie à la rigueur du raisonnement, où chaque touche du pinceau du peintre est un élément indispensable de la démonstration du philosophe. L'imagination même de Taine est d'un genre particulier. Elle n'est, comme je l'ai dit, ni sentimentale ni rêveuse. Elle n'a pas ces éclairs inattendus, ces visions soudaines qui, chez un Shakspeare, illuminent tout à coup les fonds mystérieux de l'âme ou de la nature; ce n'est pas une imagination suggestive et révélatrice, c'est une imagination descriptive et explicative. Elle nous fait voir les choses avec tout leur relief, toute leur intensité colorée, et, par des comparaisons longuement poursuivies où se retrouve toute la puissance d'analyse du logicien, elle nous aide à classer les faits et les idées. Son imagination n'est que le vêtement somptueux de sa dialectique. On a prétendu que le style coloré que nous admirons en lui ne lui était pas naturel, qu'en entrant à l'École normale on lui reprochait son style terne et abstrait; qu'il s'est créé un style nouveau, à force d'étude et de volonté, en se nourrissant de Balzac et de Michelet. Il y a là une bonne part de légende. Sans doute, la volonté a joué, chez ce robuste génie, un rôle dans la formation de son style comme dans celle de ses idées; mais il y a un accord trop profond entre son style, sa méthode et sa doctrine pour que son style n'ait pas été produit par une nécessité intime de sa nature. On ne fabrique pas à volonté un style de cette beauté, solide, éclatant, tantôt vibrant de nervosité, tantôt s'épanchant en périodes d'une large et majestueuse harmonie. Il faut reconnaître cependant que ce mélange de dialectique et de pittoresque, cette application de la science à la critique et à l'esthétique, cette intervention constante de la physique et de la physiologie dans les choses de l'esprit, cet effort pour tout ramener à des lois nécessaires et à des principes simples et clairs, n'étaient point sans dangers ni sans inconvénients. La complexité de la vie rentre difficilement dans des cadres aussi précis et aussi inflexibles, et surtout la nature a ce merveilleux et inexplicable privilège, partout où elle combine des éléments, d'ajouter à ces éléments un élément nouveau qui en résulte, mais n'est point expliqué par eux. Cela est vrai surtout dans le monde organique, et, ce qui constitue la vie, c'est précisément ce je ne sais quoi mystérieux qui fait que la plante sort de la graine, la fleur de la plante et le fruit de la fleur. Le mécanisme universel de Taine ne laissait pas sentir ce mystère, et c'est ce qui donnait à son style comme à son système une rigidité qui éloignait de lui bien des esprits. Amiel a exprimé, avec l'excès que son âme maladive portait en toutes choses, l'impression que produisent les œuvres de Taine sur certaines natures tendres, mystiques, que blesse la logique :

« J'éprouve une sensation pénible avec cet écrivain, comme un grincement de poulies, un cliquettement de machine, une odeur de laboratoire. Ce style tient de la chimie et de la technologie. La science y devient inexorable. C'est rigoureux et sec, c'est pénétrant et dur, c'est fort et âpre; mais cela manque de charme, d'humanité, de noblesse, de grâce. Cette sensation, pénible à la dent, à l'oreille, à l'œil et au cœur, tient à deux choses probablement : à la philosophie morale de l'auteur et à son principe littéraire. Le profond mépris de l'humanité, qui caractérise l'école physiologiste, et l'intrusion de la technologie dans la littérature, inaugurée par Balzac et Stendhal, expliquent cette aridité secrète, que l'on sent dans ces pages, qui vous happe à la gorge comme les vapeurs d'une fabrique de produits minéraux. Cette lecture est instructive à un très haut degré, mais elle est antivivifiante; elle dessèche, corrode, attriste. Elle n'inspire rien, elle fait seulement connaître. J'imagine que ce sera la littérature de l'avenir, à l'américaine, formant un contraste profond avec l'art grec; l'algèbre au lieu de la vie, la formule au lieu de l'image, les exhalaisons de l'alambic au lieu de l'ivresse d'Apollon, la vue froide au lieu des joies de la pensée, bref, la mort de la poésie, écorchée et anatomisée par la science. »

Il y a là, avec une part de vérité, beaucoup d'exagération et même d'injustice. Il suffit de relire l'essai intitulé : *Sainte Odile et Iphigénie en Tauride*, pour voir à quel point Taine sentait la beauté antique, de relire ses pages sur madame de Lafayette ou sur Oxford pour reconnaître qu'il avait le don de la grâce, et celles sur la Réforme en Angleterre pour sentir combien il était ému par les luttes de la conscience et par le spectacle de l'héroïsme moral. Il serait facile en parcourant ses ouvrages de montrer que ce grand esprit, si profondément artiste, aussi capable de goûter, en musicien consommé qu'il était, une sonate de Beethoven que les rêveries métaphysiques de Hegel, était accessible à toutes les grandes idées comme à tous les grands sentiments; mais il regardait comme un devoir de probité morale autant qu'intellectuelle d'écarter de la recherche du vrai toutes les vagues chimères par lesquelles l'homme se crée un univers conforme aux désirs de son cœur.

IV

Chassant de ses conceptions toutes les entités métaphysiques, tout élément mystérieux, ramenant tout à des groupements de faits, Taine devait transformer tous les problèmes de littérature et d'esthétique en problèmes d'histoire. Aussi ses ouvrages, à l'exception de son *Voyage aux Pyrénées* et de son livre *l'Intelligence*, sont-ils tous des ouvrages d'histoire. Ils marquent le dernier terme de l'évolution par laquelle la critique littéraire est devenue une des formes de l'histoire. Villemain avait le premier montré les relations qui existent entre le développement historique et le développement littéraire. Sainte-Beuve avait cherché avec plus de rigueur l'explication des œuvres littéraires dans les circonstances de la vie des écrivains et du temps où ils avaient vécu. Taine vit dans ces œuvres avant tout les documents les plus précieux, les plus significatifs que l'histoire puisse enregistrer, en même temps que le fruit nécessaire de l'époque qui les a produites. L'Étude sur La Fontaine est une étude sur la société du XVIIe siècle et la cour de Louis XIV; l'Essai sur Tite-Live est un essai sur l'esprit romain; l'Histoire de la Littérature anglaise est une histoire de la civilisation anglaise et de l'esprit anglais depuis le temps où les Anglo-Saxons et les Normands couraient les mers et remontaient les fleuves pour piller, brûler et massacrer tout sur leur passage, en chantant leurs chants de guerre, jusqu'à celui où le noble poète Tennyson recevait de la gracieuse reine Victoria le titre de poète lauréat et un siège à la Chambre des lords. Dans le *Voyage en Italie*, dans la *Philosophie de l'Art*, vous apprenez à connaître la société italienne du XVe et du XVIe siècles, la vie de la Hollande au XVIIe siècle, les mœurs des Grecs du temps de Périclès et d'Alexandre. On sent très bien que pour Taine l'histoire littéraire et l'histoire de l'art sont des fragments de l'histoire naturelle de l'homme, qui elle-même est un fragment de l'histoire naturelle universelle. Même la *Vie et opinions de Thomas Graindorge*, sous sa forme humoristique, est une étude sur la société française écrite par le même historien philosophe à qui nous devons l'*Histoire de la Littérature anglaise*. Jamais aucun écrivain n'a apporté dans ses œuvres une pareille unité de conception et de doctrine, n'a montré dès ses débuts une conscience aussi nette de sa méthode et un talent aussi constamment égal à lui-même. Dès l'École normale, nous l'avons vu, Taine pratiquait déjà sa méthode de généralisation et de simplification : « Tout homme et tout livre, disait-il, peut se résumer en trois pages et ces trois pages en trois lignes ; » mais, en même temps, il s'attachait à voir et à rendre le détail des choses sensibles avec tout leur relief. Si le *Voyage aux Pyrénées* fait parfois l'effet d'un exercice de virtuosité descriptive semblable aux exercices de doigté d'un violoniste, si la description semble n'y avoir souvent d'autre but qu'elle-même; regardez y bien, vous verrez même ici la description aboutir presque toujours à une idée philosophique ou historique. Partout ailleurs elle a pour but unique de fournir des éléments à une généralisation historique. C'est la description d'un pays qui sert à expliquer ses habitants, la description des mœurs et de la vie des hommes qui sert à expliquer leurs sentiments et leurs pensées. Taine a au plus haut degré le don de rendre visibles tout le décor et tout le costume des civilisations et des sociétés les plus diverses, de produire un effet d'ensemble par une accumulation de traits de détail et par le choix habile des traits les plus caractéristiques. Il se montre en cela grand peintre d'histoire. Son art n'est pas moins grand à ramener à quelques mobiles clairs et peu nombreux, logiquement coordonnés et subordonnés à un mobile principal, la variété bigarrée des phénomènes extérieurs. On regimbe bien un peu à accepter des explications aussi simples de choses aussi complexes, mais on est subjugué par la rigueur et l'accent de conviction de la démonstration, et aussi par la sérénité avec laquelle l'historien décrit et le philosophe explique, sans s'indigner, sans s'attendrir, en admirant les hommes en proportion de la perfection avec laquelle ils représentent les caractères essentiels de leur époque et manifestent les mobiles qui l'animent. Il parlera presque du même ton de sympathie admirative de Benvenuto Cellini, qui personnifie l'homme de la Renaissance, indifférent au bien et au mal, sensible seulement au plaisir de déployer librement son individualité et de jouir de la beauté sous toutes ses formes, et de Bunyan, le chaudronnier mystique, qui personnifie l'homme de la Réforme, indifférent à la beauté et préoccupé seulement de purifier son âme pour la rendre digne de la grâce divine. Cette sympathie est celle du savant qui apprécie dans un végétal ou un animal la fidélité et l'énergie avec lesquelles il représente le type auquel il se rattache. Taine cherche dans l'histoire les types les plus parfaits des diverses variétés de l'animal humain. S'il les classe et les subordonne les uns aux autres, comme les œuvres d'art, d'après le degré de bienfaisance et d'importance du caractère qu'ils manifestent, on sent bien qu'en sa qualité de naturaliste tous l'intéressent, et que son admiration va surtout à ceux qui réalisent pleinement un type, quel qu'il soit.

V

Pourtant, cette sérénité, qu'il puisait dans son déterminisme philosophique, n'a pas accompagné Taine jusqu'au bout. Son dernier ouvrage fait à cet égard contraste avec ses précédents écrits. Il ne se contente pas ici décrire et d'analyser ; il juge, il s'indigne ; au lieu de montrer simplement dans la chute de l'ancien régime, dans les violences de la Révolution, dans les gloires et la tyrannie de l'Empire, une succession de faits nécessaires et inévitables, il parle de fautes, d'erreurs, de crimes ; il n'a pas pour la Terreur les mêmes poids et la même mesure que pour les révolutions d'Italie et d'Angleterre, et, après avoir été si indulgent aux tyrans et aux condottières du xve et du xvie siècle, il parle avec une véritable haine de Napoléon, ce condottière du xixe, un des plus superbes animaux humains pourtant qui se soient jamais rués à travers l'histoire. On a vivement reproché cette inconséquence à Taine. On a même été jusqu'à attribuer ses sévérités envers les révolutionnaires à la passion politique, au désir de flatter les conservateurs, à je ne sais quelle terreur des périls et des responsabilités du régime démocratique. Nous avons cherché à expliquer, en racontant sa vie, comment et pourquoi dans son dernier ouvrage, il a changé de ton et dans une certaine mesure de point de vue. Que les émotions de la guerre et de la Commune aient agi sur l'esprit de Taine, il n'est pas possible de le nier; mais elles n'ont pas agi de la manière mesquine et puérile qu'on imagine. Il a cru y voir le signe de la décadence de la France, l'explication et la conséquence des bouleversements politiques survenus il y a un siècle. Bien loin de lui reprocher l'émotion qu'il en a ressentie, je suis tenté de lui savoir gré de s'être aussi vivement ému et, voyant la France sur la pente d'un abîme, d'avoir cru qu'il pouvait l'arrêter par le tableau tragique des maux dont elle souffre.

Il n'a point, d'ailleurs, renié sa méthode ni sa doctrine; il les a plutôt accentuées. Nulle part il n'a employé d'une manière plus constante le procédé d'accumulation des petits faits pour établir une idée générale; nulle part il n'a exposé la série des événements de l'histoire comme plus strictement déterminée par l'action de deux ou trois causes très simples agissant toujours dans le même sens. Ce qu'on peut lui reprocher, c'est d'avoir trop simplifié le problème, d'en avoir négligé certains éléments, d'avoir, malgré l'abondance des faits réunis par lui, laissé de côté d'autres faits qui leur servent de correctifs, d'avoir, en un mot, poussé au noir un tableau déjà sombre en réalité. Ce qu'il y a d'exagéré dans l'ouvrage de Taine, vient à la fois de son amour pour la France et du peu de sympathie naturelle qu'il avait pour son caractère et ses institutions. Il était vis-à-vis d'elle comme un fils tendrement dévoué à sa mère, mais qui serait séparé d'elle par de cruels malentendus, par une foncière incompatibilité d'humeur, et à qui son amour même inspirerait des jugements sévères et douloureux. La nature sérieuse de Taine, ennemie de toute frivolité mondaine, sa prédilection pour les individualités énergiques, sa conviction que le progrès régulier et la vraie liberté ne peuvent exister que là où se trouvent de fortes traditions, le respect des droits acquis et l'esprit d'association allié à l'individualisme, tout chez lui concourait à lui faire aimer et admirer l'Angleterre et à le rendre sévère pour un pays enthousiaste et capricieux, où la puissance des habitudes sociales émousse l'originalité des caractères, où le ridicule est plus sévèrement jugé que le vice, où l'on ne sait ni défendre ses droits ni respecter ceux d'autrui, où l'on met le feu à sa maison pour la reconstruire au lieu de la réparer, où le besoin de tranquillité fait préférer la sécurité stérile du despotisme aux agitations fécondes de la liberté. La France a inspiré à Taine la cruelle satire de Graindorge; l'Angleterre le plus aimable et le plus souriant de ses livres : les *Notes sur l'Angleterre.* Les poètes anglais étaient ses poètes préférés, et, comme philosophe, il est de la famille des Spencer, des Mill et des Bain.

Telle a été la raison de la sévérité excessive de ses jugements sur la France de la Révolution. A les prendre au pied de la lettre, on serait tenté de s'étonner que la France soit encore debout après cent ans d'un régime aussi meurtrier, et l'on est surpris qu'un déterministe comme Taine ait paru reprocher à la France de ne pas être semblable à l'Angleterre. Mais, après avoir reconnu ce qu'il y a d'exagéré et d'incomplet dans son point de vue et dans ses peintures, il faut rendre hommage, non seulement à la puissance et à la sincérité de son œuvre, mais aussi à sa vérité. Il n'a pas tout dit, mais ce qu'il a dit est vrai. Il est vrai que la monarchie de l'ancien régime avait préparé sa chute en détruisant tout ce qui pouvait la soutenir en limitant son pouvoir; il est vrai que la Révolution a déchaîné l'anarchie en détruisant les institutions traditionnelles pour les remplacer par des institutions rationnelles sans racines dans l'histoire ni dans les mœurs; il est vrai que l'esprit jacobin a été un esprit de haine et d'envie qui a préparé les voies au despotisme; il est vrai que la centralisation napoléonienne est un régime de serre chaude qui peut produire des fruits splendides et hâtifs, mais qui épuise la sève et tarit la vie; et Taine a mis ces vérités en lumière avec une abondance de preuves et une force de pensée qui portent la conviction dans tous les esprits non prévenus. Si une réaction salutaire se produit en France contre les excès de la centralisation, le mérite en reviendra en grande partie à cette œuvre si critiquée. Quoi qu'il arrive, il aura eu le mérite d'avoir posé le problème historique de la Révolution dans des termes tout nouveaux, et d'avoir contribué pour une large part à le transporter du domaine de la légende mystique ou des lieux communs oratoires dans celui de la réalité humaine et vivante. Malgré la passion qui anime souvent ses récits et ses portraits, il a ici encore servi la science et la vérité.

J'ai cru ne pouvoir mieux rendre hommage à ce libre, vaillant et sincère esprit, à cet amant passionné du vrai, qu'en cherchant à caractériser les traits essentiels de sa vie, de son caractère, de son œuvre et de son influence en toute franchise. Il me semblait que j'aurais manqué de respect envers sa mémoire en usant envers lui de ces ménagements d'oraison funèbre qu'il a tenu à écarter de son cercueil. Mais j'aurais bien mal rendu ce que je pense et ce que je sens si je n'avais pas su exprimer mon admiration reconnaissante pour un des hommes qui, dans notre temps, par le caractère comme par le talent, ont le plus honoré la France et l'esprit humain. Je ne puis mieux dire ce que j'ai éprouvé en le voyant disparaître qu'en m'associant à ce que m'écrivait un de mes amis en apprenant la fatale nouvelle :

« La disparition de cet esprit, c'est une forte et claire lumière qui s'efface de ce monde. Jamais personne n'a représenté avec plus de vigueur l'esprit scientifique ; il en était comme une énergique incarnation. Et il s'en va au moment où les bonnes méthodes, seules efficaces pour atteindre la vérité, faiblissent dans la conscience des jeunes générations, de sorte que sa mort semble marquer, au moins pour quelque temps, la fin d'une grande chose. Et puis, qu'il s'en aille ainsi tout de suite après Renan, c'est vraiment trop de vide à la fois. Rien ne restera plus de la génération qui nous a formés; ces deux grands esprits en étaient les représentants; nous leur devions les enseignements qui nous avaient le plus touchés et les plus profondes joies de notre esprit; nous venons de perdre nos pères intellectuels. »

Décembre 1893.

JULES MICHELET

Je crois utile de faire précéder l'étude qu'on va lire de quelques mots d'explication, pour bien en préciser le but et la portée. Je n'ai point écrit une biographie de Michelet[1] et n'ai point voulu faire la critique de ses œuvres. Il n'est qu'une personne qui ait qualité pour raconter la vie de Michelet; c'est celle qui pendant de longues années a vécu à côté de lui, associée à tous ses travaux et à toutes ses

1. M. Jules Simon a consacré à Michelet une très intéressante notice, pleine de souvenirs personnels, dans le volume intitulé : *Mignet, Michelet, Henri Martin*. On trouvera aussi une étude biographique sur Michelet dans les *Études biographiques et littéraires* de M. O. d'Haussonville.

pensées, à qui il a légué ce qu'il avait de plus précieux, les papiers intimes, les notes quotidiennes, où il mettait le meilleur de son âme. Elle seule pourra nous le faire bien connaître, dire ce qu'il a été et ce qu'il a voulu, les aspirations idéales et les émotions profondes dont ses écrits n'ont pu être que l'incomplète révélation. Déjà les deux volumes autobiographiques qu'elle a publiés, *Ma Jeunesse* et *Mon Journal*, nous ont appris ce que furent les vingt-quatre premières années de Michelet, et nous ont permis de retrouver dans l'enfant et le jeune homme la sensibilité et les tendances intellectuelles de l'homme fait. Ses livres, d'autre part, m'ont trop puissamment ému, je l'ai personnellement trop connu et aimé pour que mon jugement pût être impartial et pour qu'il me fût possible de signaler ses défauts et ses erreurs; mes travaux, d'ailleurs, et les tendances naturelles de mon esprit m'entraînent dans une direction trop différente de la sienne pour qu'il me fût permis de me poser en disciple et de répondre en son nom aux critiques et aux attaques dont il a été l'objet.

Je n'ai voulu que rendre hommage à la mémoire de Michelet; hommage qui était de ma part une dette personnelle. Je n'ai pas cru pouvoir mieux honorer et servir sa mémoire qu'en rappelant simplement ce qu'il a fait, et en montrant combien noble et pure a été l'inspiration de ses œuvres et de sa vie. Je laisse à d'autres et à l'avenir le soin de les passer au crible et de décider quelles furent ses fautes, comme écrivain et comme savant.

Pour moi, je ne puis songer qu'à une chose c'est à l'impression laissée dans mon esprit par la lecture de ses livres. Ceux dont l'enfance et l'adolescence se sont écoulées pendant les douze premières années du second empire se rappelleront toujours la froideur et le morne ennui qui accablait les âmes pendant cette triste époque. La jeunesse, l'enthousiasme, l'espérance, qui avaient rempli les cœurs avant et après 1830, semblaient éteints à jamais; les artistes, les écrivains qui avaient fait la gloire de la première moitié du siècle étaient vieillis et déchus; la voix éloquente du seul grand poète dont le génie eût survécu ne s'élevait que pour maudire la lâcheté de ses concitoyens et l'abaissement de sa patrie. Ce mot même de patrie semblait n'avoir plus de sens. Séparés par un abîme de la France du passé, dont ils avaient perdu les traditions et les croyances, désabusés des espérances de liberté et de progrès tour à tour excitées et déçues par tant de révolutions, entraînés malgré eux vers un avenir incertain et redoutable, les plus nobles esprits se réfugiaient dans un dilettantisme égoïste ou dans des rêveries humanitaires. Pour plus d'un, et je suis du nombre, les livres de Michelet ont été alors une consolation et un cordial. On apprenait, en les lisant, à aimer la France, à l'aimer dans son histoire ressuscitée par lui, à l'aimer dans son peuple dont il interprétait les sentiments secrets et les nobles aspirations, à l'aimer dans son sol même, dont il savait si bien peindre le charme et la beauté. Avec lui, on prenait foi dans l'avenir de la patrie, en dépit des tristesses du présent. On ne pouvait échapper à la contagion de son enthousiasme, de ses espérances, de sa jeunesse de cœur.

La vocation qui m'a poussé vers les études historiques, c'est à lui que je la dois. Le premier il m'a ému de sympathie pour ces morts innombrables qui ont été nos ancêtres, qui nous ont fait ce que nous sommes et dont l'histoire retrouve et ressuscite les pensées, les désirs et les passions. Le premier il m'a fait comprendre que, dans l'ébranlement des bases religieuses et politiques de notre vie nationale, il faut lui donner une base historique et renouer, par la connaissance intelligente et pieuse du passé, la tradition interrompue. Il m'a fait voir dans l'histoire l'étude la plus propre à élargir l'esprit tout en l'affermissant, à donner le respect des choses anciennes tout en en faisant perdre la superstition. Enfin, il m'a montré comme la plus noble des vocations, celle d'enseigner l'histoire, d'enseigner la France, de servir d'intermédiaire, de lien et d'interprète entre la France d'hier et celle de demain. Aussi le sentiment que j'éprouve pour lui n'est-il pas celui du disciple pour un maître dont il adopte les doctrines, suit la méthode et continue l'œuvre; c'est un sentiment moins étroit, plus profond et aussi plus tendre, une sorte de reconnaissance filiale envers celui chez qui j'ai toujours trouvé de nobles inspirations et de paternels encouragements.

C'est là le seul rôle que pouvait jouer Michelet. Il était, il est encore par ses écrits, un inspirateur; il ne pouvait pas devenir un maître, au sens strict du mot. Sa manière de penser et d'écrire était trop individuelle, l'imagination et le cœur y avaient une trop grande part. Lui-même n'avait point eu de maître; il n'aura pas de disciples. Il serai taussi puéril et dangereux de vouloir imiter ses procédés de composition que de vouloir imiter son style. Il n'avait point de méthode qu'il pût enseigner et transmettre, car il ne procédait que par intuition et par divination. Le génie ne s'enseigne pas. Même à l'École normale, il fut surtout un merveilleux excitateur des esprits. Plus tard, au Collège de France, il se méprit même, à ce qu'il semble, sur le rôle qu'il était appelé à jouer. Il transforma sa chaire en tribune, il chercha moins à instruire la jeunesse qu'à l'enthousiasmer ; et il contribua à dénaturer le caractère de notre enseignement supérieur en transformant ses leçons en morceaux oratoires, adressés non à une élite studieuse, mais à la foule.

Michelet n'a pas formé plus d'élèves par ses livres que par son enseignement. Il a laissé des chefs-d'œuvre à admirer, il n'a pas laissé de modèles à imiter. Sans doute il a mis en lumière des côtés de l'histoire, des points de vue négligés avant lui. Il a donné la place qu'elle méritait à la peinture des mœurs et des caractères, et il a montré combien les documents les plus secs peuvent devenir instructifs pour qui sait les interroger; il a insisté sur l'influence jusque-là négligée des causes physiologiques et pathologiques en histoire, et ouvert aux investigations une voie nouvelle, très dangereuse il est vrai, mais fertile en découvertes curieuses. Il a marqué tous les sujets qu'il a traités d'une empreinte ineffaçable; il est impossible à ceux qui s'en occupent après lui de négliger ce qu'il a dit, et il est bien rare qu'il n'ait pas éclairé d'un trait de flamme quelque point obscur qui sans lui serait resté dans l'ombre. Néamoins il ne peut servir de guide; il faut toujours le contrôler, le rectifier, et très souvent le contredire. Il voit avec une puissance extraordinaire, mais il ne voit pas tout et il ne voit pas toujours juste. Il n'a pas la précision scientifique, la méthode, l'unité de plan et d'idées qui sont nécessaires pour devenir le chef d'une école historique. La préface qu'il a mise en tête du septième volume de son *Histoire de France* suffirait à montrer qu'il ne pouvait prétendre à un pareil rôle. Après avoir fait de la France du moyen âge un tableau merveilleux de poésie et de vérité, après avoir pendant six volumes fait aimer et comprendre les mœurs et les sentiments de ces siècles à demi barbares, tout à coup, arrivant à la Renaissance, il fut saisi malgré lui de la même haine aveugle, du même esprit de réaction violente qui animait contre le moyen âge les hommes du XVIe siècle; il voulut rétracter, effacer les pages émues et sympathiques qui resteront malgré lui son plus beau titre de gloire. L'esprit de chacune des époques dont il s'occupait revivait en lui avec un élan de passion irrésistible; c'est ce qui fait sa grandeur comme artiste, la puissance de vie qui anime son histoire; c'est ce qui fait aussi sa partialité, le caractère incomplet, exagéré, inégal de ses dernières productions historiques. On l'admire, on l'écoute, tantôt avec une émotion bienveillante, tantôt avec une curiosité avide et parfois indiscrète; mais on ne peut pas lui abandonner la direction de son jugement et de son intelligence.

Ce que j'ai dit des œuvres historiques de Michelet, je pourrais le dire aussi de ses petits livres, où se mêlent, d'une façon charmante et bizarre, la science, la philosophie, la psychologie et la poésie, qui entraînent et ravissent l'imagination et le cœur sans convaincre ni satisfaire la raison. Nul ne les a lus sans être ému, et pourtant les idées qui s'y trouvent exprimées n'ont point fait de prosélytes. C'est que ces idées n'ont point un caractère bien déterminé; elles flottent entre la science, la religion et la poésie, sans être ni accompagnées de déductions rigoureuses, ni affirmées avec une foi absolue, ni pourtant abandonnées à la région des rêves. Tout s'y mêle : la fantaisie, les espérances mystiques et l'étude positive de la nature. J'ai cherché à faire comprendre, à résumer les traits généraux de ces idées philosophiques de Michelet, en les exposant sans les juger; mais je ne voudrais pas que le respect avec lequel j'ai parlé de ces larges et nobles conceptions fût pris pour une adhésion qui dépasserait ma pensée. Michelet a montré que les sciences naturelles ouvraient des voies nouvelles à l'art, à la poésie et aux sentiments religieux; en cela, comme dans ses travaux historiques, il a été un révélateur, mais il n'a pas fourni une méthode sûre pour avancer dans cette voie, ni montré avec précision le but auquel on devait tendre. Il ne le pouvait pas, du reste. Ce n'est pas diminuer sa gloire que de lui donner, en tant de directions variées de l'esprit, le rôle d'initiateur.

L'avenir seul pourra discerner dans son œuvre les intuitions justes et les rêveries éphémères. Michelet n'aura pas de continuateurs immédiats, de disciples attachés à la lettre de ses paroles; mais ses idées germent en secret dans plus d'un cerveau et plus d'un cœur. « Je n'ai pas de famille, disait-il, je suis de la grande famille. » Combien n'en est-il pas, en effet, parmi les hommes d'aujourd'hui, qui sont à des degrés divers unis à lui par un lien presque filial, et ont reçu de lui l'étincelle qui anime leur travail ou leur vie! Combien n'en est-il pas qui lui doivent des émotions bienfaisantes et durables, qui ont senti après avoir lu ses livres leur cœur élargi, attendri, capable de plus grands sacrifices! A une époque où tant d'esprits se laissent aller en pratique au découragement, en théorie à un pessimisme universel, Michelet a toujours espéré et *il a fait croire au bien*. Il n'est pas d'éloge à ajouter après celui-là.

I

LA VIE DE MICHELET

Michelet a raconté lui-même, en quelques pages admirables, dans la préface de son livre *le Peuple*, sa première éducation et les impressions ineffaçables de ses jeunes années. Nous y retrouvons le germe de tout ce qu'il devait être plus tard, le point de départ de tout son développement intellectuel et moral. Sa mère était des Ardennes, pays sévère, habité par une race « distinguée, sobre, économe, sérieuse, où l'esprit critique domine [1] » ; son père était de l'ardente et colérique Picardie », patrie d'hom-

1. Michelet, *Histoire de France,* II, page 80.

mes énergiques, enthousiastes, éloquents, spirituels, de Pierre l'Hermite, de Calvin, de Camille Desmoulins. Sa famille vint à Paris après la Terreur, pour fonder une imprimerie. Le 21 août 1798 naquit Jules Michelet, dans le chœur d'une ancienne église, occupée par l'atelier paternel, « occupée, nous dit-il, et non profanée; qu'est-ce que la presse au temps moderne, sinon l'arche sainte [1]? » Il y avait là un présage d'avenir.

Les premières années de sa vie furent tristes et pénibles. Il grandit « comme une herbe sans soleil, entre deux pavés de Paris ». Dès 1800, Napoléon supprima les journaux, restreignit par tous les moyens le commerce de la librairie. La pauvreté vint. Il fallut renvoyer les ouvriers; le grand-père, le père, la mère de Michelet, lui-même âgé de douze ans, firent tout le travail de l'imprimerie. Ce labeur précoce aurait pu, semble-t-il, étouffer dans leur fleur les facultés de l'enfant. Au contraire, pendant que ses mains assemblaient machinalement les lettres qui servaient à la composition de livres niais et insipides, son imagination prenait des ailes. Ce don merveilleux, qui

1. *Le Peuple,* page 22.

devait plus tard, dans ses livres, rendre la vie aux cendres du passé et donner une âme et un cœur à la nature entière, s'éveillait en lui le premier. « Jamais, dit-il, je n'ai tant voyagé d'imagination que pendant que j'étais immobile à cette casse... Très solitaire et très libre, j'étais tout imaginatif. » Il ne pouvait suivre d'instruction régulière; le matin, avant le travail, il recevait quelques leçons de lecture d'un vieux libraire, ancien maître d'école, « homme de mœurs antiques, ardent révolutionnaire ». Il apprit de lui, sans doute, à admirer et presque à adorer la Révolution, qui depuis fut toujours à ses yeux la plus grande manifestation de la France dans l'histoire et comme la révélation de la justice. Deux ou trois livres faisaient sa seule lecture. L'un d'eux produisit en lui une impression extraordinaire, éveilla le sentiment religieux, la foi en Dieu et en l'immortalité qui, à travers toutes les variations de sa pensée, devait se manifester dans toutes ses œuvres et persister jusqu'à son dernier soupir. C'était l'*Imitation de Jésus-Christ :*

« Je n'avais encore aucune idée religieuse... Et voilà que dans ces pages j'aperçois tout à coup, au bout de ce triste monde, la délivrance de la mort, l'autre vie et l'espérance. La religion reçue ainsi, sans intermédiaire humain, fut très forte en moi. Comment dire l'état de rêve où me jetèrent ces premières paroles de l'*Imitation?* Je ne lisais pas, j'entendais... comme si cette voix douce et paternelle se fût adressée à moi-même. Je vois encore la grande chambre froide et démeublée; elle me parut vraiment éclairée d'une lueur mystérieuse... Je ne pus aller bien loin dans ce livre, ne comprenant pas le Christ, mais je sentis Dieu. »

En même temps s'éveillait en lui l'amour de l'histoire et le sentiment de sa vocation future.

« Ma plus forte impression, continue-t-il, après celle-là, c'est le musée des monuments français... C'est là, nulle autre part, que j'ai reçu d'abord la vive impression de l'histoire Je remplissais ces tombeaux de mon imagination, je sentais ces morts à travers les marbres, et ce n'était pas sans quelque terreur que j'entrais sous les voûtes basses où dormaient Dagobert, Chilpéric et Frédégonde [1]. »

1. *Le Peuple*, page 26.

Les rares facultés de l'enfant avaient de bonne heure frappé ses parents. Ils avaient foi en son avenir, ils résolurent de tout sacrifier pour donner à leur fils l'instruction qui lui manquait. Son père réduit au dénûment, sa mère malade, consacrèrent leurs dernières ressources à le faire entrer au collège. Il y trouva des maîtres éminents, MM. Villemain et Leclerc, qui le soutinrent de leur bienveillance, mais aussi des camarades moqueurs qui raillèrent sa pauvreté. Il devint timide, « effarouché comme un hibou en plein jour [1] », chercha la solitude, vécut avec les livres; mais cette épreuve ne fit que tremper plus fortement son âme. Il sentit ce qu'il valait, prit foi en lui-même.

« Dans ce malheur accompli, privations du présent, craintes de l'avenir, l'ennemi étant à deux pas (1814) et mes ennemis, à moi, se moquant de moi tous les jours, un jour, un jeudi matin, je me ramassai sur moi-même, sans feu (la neige couvrait tout), ne sachant pas si le pain viendrait le soir, tout semblant finir pour moi, j'eus en moi un pur sentiment

1. *Le Peuple*, page 30.

stoïcien ; je frappai de ma main, crevée par le froid, sur ma table de chêne (que j'ai toujours conservée) et je sentis une joie virile de jeunesse et d'avenir ».

Cette énergie morale qui triomphe par la volonté des fatalités extérieures a soutenu Michelet pendant toute sa vie. Débile et toujours souffrant, l'esprit chez lui soutenait le corps. Sa conception générale de l'histoire semble avoir été inspirée par la lutte, le drame qui faisait sa vie. Là comme ici, c'était une lutte constante entre la fatalité et la liberté.

Le souvenir de ces années pénibles et parfois amères ne s'est jamais effacé de l'esprit de Michelet. Il est arrivé plus tard à la gloire, à la fortune ; mais il n'a point oublié qu'il sortait du peuple et qu'il devait sans doute à cette humble origine quelques-unes de ses meilleures qualités. « J'ai gardé, nous dit-il, l'impression du travail, d'une vie âpre et laborieuse, je suis resté peuple... Si les classes supérieures ont la culture, nous avons bien plus de chaleur vitale... Ceux qui arrivent ainsi, avec la sève du peuple, apportent dans l'art un degré nouveau de vie et de rajeunissement, tout au moins un grand effort. Ils posent ordinairement le but plus haut, plus loin que les autres, consultant peu leurs forces, mais plutôt leur cœur. »

Il attribuait en effet à son origine plébéienne cette chaleur, cette tendresse de cœur qui a été l'inspiration de sa vie. La pauvreté, les railleries du collège avaient un instant refoulé cette tendresse au dedans de lui, l'avaient rendu sauvage et misanthrope, sans que pourtant l'envie effleurât jamais son âme. Mais dès que, sorti du collège, il y rentra comme professeur, dès qu'il put donner aux autres quelque chose de lui-même, son cœur se rouvrit, se dilata. « Ces jeunes générations, aimables et confiantes, qui croyaient en moi, me réconcilièrent à l'humanité ».

Au moment où Michelet entrait dans l'enseignement, et professait, d'abord à l'institution Briand, puis au collège Charlemagne, enfin, à partir de 1822, au collège Sainte-Barbe, fondé par l'abbé Nicole, il ignorait encore que l'histoire fût sa vocation; les circonstances le lui révélèrent. C'étaient les lettres anciennes et surtout la philosophie qui l'attiraient. Ses thèses de doctorat, soutenues en 1819 portaient sur les vies de Plutarque et sur l'idée de l'infini dans Locke. Quand il est reçu agrégé en 1821 il demande d'être désigné pour l'enseignement de la philosophie. C'est à contre-cœur qu'il enseigne l'histoire à Sainte-Barbe. Toutefois, bien que ses lectures fussent presque toujours, jusqu'en 1822, des lectures d'auteurs classiques ou de philosophes, un instinct secret le détournait des spéculations métaphysiques pour le tourner vers la philosophie du langage, l'histoire des idées, la philosophie de l'histoire. De bonne heure il voit dans l'histoire la contre-épreuve de l'observation psychologique et comme une psychologie collective. Il projette dès 1819 un livre sur le caractère des peuples trouvé dans leur vocabulaire, puis un essai sur la culture de l'homme, puis une histoire philosophique du christianisme. Une fois à Sainte-Barbe il entreprend l'étude de Vico tout en faisant les cours d'où devait sortir en 1827 l'admirable *Précis d'histoire moderne*, paru peu de mois après la traduction de la Philosophie de l'histoire de Vico.

Lorsqu'en 1826, monseigneur Frayssinous rétablit, sous le nom d'*École préparatoire*, l'École normale qui avait été supprimée en 1822, et résolut par raison d'économie de confier à un seul maître l'enseignement de l'histoire et celui de la philosophie, Michelet se mit aussitôt sur les rangs. Cet enseignement paraissait fait pour lui, qui menait de front depuis quatre ans son enseignement historique et ses études personnelles de philosophie. Il fut nommé en février 1827. Il conçut immédiatement ses deux cours comme les deux parties inséparables d'un même enseignement. Sa première leçon fut une introduction générale aux deux cours. Il veut que l'histoire et la philosophie se prêtent un mutuel secours. L'histoire étudiera les faits, la philosophie les lois, l'histoire l'homme collectif, la philosophie l'homme individuel. En effet, tandis que son cours de philosophie est un cours de psychologie et de morale, celui d'histoire est une histoire de la civilisation, où il cherche à dégager le caractère des divers peuples et leur évolution religieuse. Il montre l'humanité comme l'individu passant de la spontanéité à la réflexion, de l'instinct à la raison, de la fatalité à la liberté. On voit naître dans son esprit la conception philosophique qui dirigera tous ses travaux historiques : l'histoire est le drame de la lutte entre la liberté et la fatalité. Le christianisme commence la victoire de la liberté, la réforme la continue, la Révolution l'achève. Pour bien comprendre l'œuvre ultérieure de Michelet, il ne faut jamais oublier quels furent ses débuts, et que l'historien chez lui, comme le naturaliste, s'est toujours cru un philosophe.

Bien qu'il aille en 1823 en Allemagne réunir des livres d'histoire pour une étude sur Luther, et bien qu'il ait déjà fait le plan d'un ouvrage sur la Réforme et le XVIe siècle, c'est toujours la philosophie qui l'attire le plus. En 1829, quand on sépare les deux enseignements dont il était chargé, il demande de conserver celui de la philosophie. M de Montbel le contraint à se vouer exclusivement à l'histoire et même à l'histoire ancienne. Il se met à enseigner l'histoire romaine et du premier coup il conçoit une œuvre d'une rare originalité qu'il perfectionna dans un voyage à Rome au printemps de 1830 et dont la première partie, la *République*, parut en 1831. Il comptait y ajouter l'histoire de l'Empire, mais les circonstances vinrent encore ici disposer de lui. Après la Révolution de 1830, l'École normale fut rétablie sur son plan primitif, avec deux professeurs d'histoire, l'un pour l'antiquité, l'autre pour le moyen âge et les temps modernes. C'est de ce dernier enseignement que Michelet fut chargé et c'est de ses nouveaux cours que sortit son histoire de France.

Cette période d'enseignement à l'École normale qui dura jusqu'à 1836 et à laquelle Michelet ajouta encore la suppléance de Guizot à la Sorbonne en 1834 et 1835, fut peut-être la plus heureuse période de sa vie et fut à coup sûr la plus féconde. Marié en 1823, vivant dans une studieuse solitude, où pénétraient quelques rares amis, tels qu'Eugène Burnouf et le physiologiste Edwards, ses fonctions de professeur aux Tuileries, d'abord de la princessse Louise, fille de la duchesse de Berry, puis de la princesse Clémentine, fille de Louis Philippe, ne faisaient pas de lui un mondain. Il vivait pour ses élèves et ils éprouvaient pour lui un enthousiasme mêlé de tendresse. Il aimait plus tard à raconter les joies de cet enseignement; comment, au fort de l'hiver, il descendait la rue Saint-Jacques, en frac noir et en escarpins, sans paletot pour se couvrir, mais insensible au froid et à la bise « tant était ardente, disait-il, la flamme intérieure ». Ceux qui ont eu le privilège de l'entendre alors ont gardé le souvenir ineffaçable de ces leçons éloquentes et pleines d'idées où il savait si bien communiquer aux autres la passion qui l'animait. Lui, de son côté, puisait dans son enseignement, dans l'entourage affectueux et sympathique de ses élèves, la force qui devait le soutenir et l'inspirer dans le travail de toute sa vie.

L'*Histoire romaine* fut le premier fruit de cette période heureuse de jeunesse et d'enthousiasme. A ce moment les travaux de Guizot et d'Augustin Thierry avaient donné une impulsion extraordinaire aux études sur le moyen âge. L'ouvrage de Michelet parut au premier moment devoir exercer une influence semblable sur l'étude de l'antiquité. La puissance de son imagination, la magie de son style donnaient à l'histoire de la vieille Rome la réalité de l'histoire contemporaine. Les hardies hypothèses de Niebuhr, restées jusqu'alors inaccessibles à la masse du public lettré et comme étouffées sous une obscure et pesante érudition, apparaissaient tout à coup vivantes et colorées. Le récit de Michelet semblait plus convaincant que la plus solide démonstration; où Niebuhr s'efforçait de prouver, lui il voyait et il montrait. Néanmoins l'œuvre de Michelet n'eut en France que peu d'influence. La routine de l'enseignement ne s'émut pas de cette tentative qui aurait pu être si féconde. Il eut beaucoup d'admirateurs, mais peu de disciples. Lui-même dut quitter bientôt l'antiquité pour s'occuper du moyen âge.

Ce ne furent pas seulement les nécessités nouvelles de son enseignement qui le poussèrent à écrire l'Histoire de France. La France était à ses yeux le principal acteur de ce drame de la liberté qui remplissait l'histoire ; et de plus il éprouvait pour le moyen âge le même attrait que la plupart de ses contemporains.

Il était impossible, en effet, qu'une âme aussi impressionnable que celle de Michelet échappât à la contagion du mouvement romantique qui depuis le commencement du siècle s'était emparé de tous les esprits. On s'était épris de la littérature, des mœurs, des coutumes, des monuments, de l'histoire du moyen âge. La poésie, le théâtre, le roman, la peinture ne représentaient plus que seigneurs féodaux, vieux donjons, châtelaines amoureuses de leurs pages ; et la sublimité des cathédrales gothiques faisait oublier la perfection des temples de la Grèce. Il y avait beaucoup d'engouement, de mode passagère dans ce mouvement; beaucoup de mauvais goût et de fausses couleurs dans la manière dont on peignait le passé. Néanmoins tout n'était pas factice dans l'amour qu'on portait aux antiquités nationales. Après le violent déchirement de la Révolution, après cet effort gigantesque pour anéantir un passé devenu odieux et pour créer de toutes pièces une France nouvelle, effort qui avait abouti au despotisme et à l'épuisement de toutes les forces du pays, on se prit naturellement à regretter les ruines qu'on avait faites, et l'on se demanda s'il n'y avait rien dans tout ce passé qui fût digne d'être admiré, aimé et, s'il était possible, sauvé du grand naufrage. En politique, la tentative faite pour rattacher la nouvelle France à l'ancienne avait échoué. La Restauration ne sut prendre de l'ancien régime que ses préjugés arriérés et ne sut pas favoriser ce qu'il y avait d'intelligent dans cette réaction contre la Révolution et l'Empire. Elle fut emportée en 1830. Mais la révolution de 1830 n'étouffa pas l'intérêt qui attirait tous les esprits vers le moyen âge. On commença, au contraire, à le connaître d'une manière plus sérieuse et plus scientifique; on publia de vieux textes, on étudia l'ancienne langue, l'ancien droit, on se mit à fouiller et à classer les archives. Michelet, qui avait applaudi avec toute la jeunesse libérale de l'époque à la révolution de 1830 et qui l'avait même célébrée dans son *Introduction à l'Histoire universelle* (1831), comme le couronnement naturel de l'histoire de France, partageait en même temps l'intérêt passionné de ses contemporains pour le moyen âge.

En 1831, il avait été nommé chef de la division historique aux Archives nationales. Dans cette immense collection de documents échappés au temps et aux révolutions, le rêve vaguement entrevu dans son enfance, lorsqu'il parcourait le Musée des monuments historiques, prit corps à ses yeux. Son imagination évoqua les morts qui dormaient dans cette vaste nécropole historique; ces parchemins usés et noircis lui apparurent comme les témoins contemporains des siècles abolis dont il écoutait la voix et recueillait le véridique témoignage. Il résolut de donner à la patrie son histoire. En 1833 parut le premier volume de l'*Histoire de France*; le sixième, publié en 1843, s'arrêtait à la mort de Louis XI. Ces six volumes resteront, je crois, dans l'avenir, le plus solide titre de gloire de Michelet, la partie la plus utile et la plus durable de son œuvre.

Le tableau de la France qui ouvre le second volume, la vie de Jeanne d'Arc, le règne de Louis XI, peuvent être cités parmi les plus beaux morceaux historiques qu'ait produits la littérature contemporaine. On y trouve une érudition consciencieuse, une étude approfondie des documents originaux, et en même temps un génie vraiment créateur, qui pénètre dans l'âme même des personnages et sait les faire vivre et agir. Michelet a un sens historique plus large et plus profond que ses illustres devanciers, Guizot [1] et Augustin Thierry. Tandis que ceux-ci cherchent dans le passé et y admirent surtout les institutions, les idées ou les tendances qu'ils défendent eux-mêmes dans le présent; tandis qu'ils laissent voir partout leurs théories et leurs opinions sur la

1. Guizot ne lui fut jamais sympathique. Ils eurent des relations assez suivies vers 1830; et quand Guizot devint ministre en 1833, il prit Michelet pour son suppléant à la Faculté des lettres. Mais le bon accord dura peu. Dès 1835, Guizot lui préféra un catholique fervent, M. Ch. Lenormant. Les hardiesses de Michelet l'effrayaient. Celui-ci, de son côté, ne goûta jamais le talent de Guizot. Il lui reprochait d'être peu français dans sa tournure d'esprit, trop anglais dans ses idées politiques, et surtout de manquer du sens de la vie. Un jour, à l'Académie, dans une discussion sur les poèmes de l'Inde, dont Guizot critiquait l'exubérance, Michelet éclata tout à coup: « Vous ne pouvez les comprendre, s'écria-t-il, vous avez toujours haï la vie. »

politique contemporaine, Michelet cherche et admire surtout dans le passé ce qu'il eut d'original, de caractéristique ; il oublie ses propres idées, ses propres sentiments, pour comprendre par une intelligente sympathie les idées et les sentiments des hommes d'autrefois [1]. Pour lui, l'histoire n'est ni un récit, ni une analyse philosophique, c'est une *résurrection.* Je retrouve chez lui ce mélange d'érudition et d'esprit divinatoire qu'on admire chez les maîtres de la science allemande, chez Niebuhr, chez Mommsen, chez Jacob Grimm surtout, qu'il avait connu

1. Dans d'intéressants articles de la *Revue politique et littéraire* (15, 22 et 29 août 1874), M. Despois a cité un passage du cours de Michelet à la Faculté des lettres en 1835, où il expliquait comment l'historien, pour bien comprendre le passé, devait apporter à son étude, non une froideur impartiale, mais une sympathie chaleureuse, capable de s'éprendre successivement de toutes les manifestations les plus diverses de l'esprit humain. Je donne en entier ce passage curieux, dont M. Despois n'a cité que quelques lignes. On avait reproché à Michelet d'être partial en faveur de Luther. « On pourrait me reprocher également, répliqua-t-il, d'être partial en faveur des Vaudois, comme plus tard en faveur de sainte Thérèse et de saint Ignace de Loyola. C'est cependant pour l'histoire une condition indispensable que d'entrer dans toutes les doctrines, que de comprendre toutes les causes, que de se passionner pour toutes les affections. Une idée ne se produit qu'à la condition d'être dans l'esprit humain et d'aider au développement général de l'humanité. Aussi est-elle toujours bonne, toujours utile, toujours nécessaire. L'histoire déroule une vaste psychologie qui embrasse dans un ordre successif

et à qui il avait voué une tendre et profonde admiration[1].

En même temps qu'il publiait l'*Histoire de France*, il ébauchait à la Faculté des lettres, où il suppléa Guizot en 1834 et en 1835, l'*Histoire de la Renaissance et de la Réforme*. C'est à cette époque qu'il fit paraître, sous le titre de *Mémoires de Luther* (1835), une série d'extraits tirés des œuvres de Luther, qui forment une intéressante et vivante biographie du grand réformateur ; un peu plus tard il entreprenait, dans la *Collection des documents inédits relatifs à*

toutes les notions, toutes les facultés qui constituent l'intelligence de l'homme ; chaque notion, chaque faculté se révèle tour à tour sous la forme d'un parti, d'une nation, d'une doctrine, et fait à travers les événements sa fortune dans le monde. Comment s'étonner que l'histoire trouve des sympathies pour l'homme tout entier, pour sa raison, son imagination, son cœur, pour la liberté et pour la grâce, pour le dogme et pour la morale ? Qu'il recueille çà et là les parties afin de reconstruire l'ensemble et qu'il les honore et les aime toutes, puisque dans toutes il voit se refléter cette image sacrée de lui-même que Dieu a jetée dans l'homme seulement. » (*Journal de l'instruction publique*, 25 janvier 1835.)

1. J. Grimm fut toujours pour lui le type accompli du savant. Après la guerre de 1870, navré de la dureté que les Allemands avait montrée dans la victoire, il me disait : « Si Grimm avait été là, je suis sûr qu'il aurait protesté au nom de l'humanité et de la justice. Mais il n'y a plus de Grimm en Allemagne. » Je doute beaucoup, pour ma part, que Grimm eût protesté.

l'histoire de France, la publication des pièces du procès des Templiers (1841-1851), 2 vol. in-4° ; enfin il publiait les *Origines du Droit* (1837), où il cherchait à montrer que l'ancien droit français était non un ensemble de formules abstraites et de déductions rationnelles, mais l'expression vivante du développement historique de l'humanité et de la nation.

Quelque absorbé qu'il fût par les études sur le moyen âge, Michelet avait une nature trop vivante et trop impressionnable pour rester étranger aux passions contemporaines. Volontairement éloigné des distractions du monde, il n'en était que plus accessible aux grands mouvements d'idées qui entraînaient sa génération. En 1836, il se fit mettre en congé à l'École normale, soumise à l'énergique mais étroite direction de M. Cousin, et en 1838 il fut appelé à la chaire d'histoire et de morale au Collège de France. Au lieu d'un petit auditoire d'élèves, auxquels il devait enseigner, sous une forme simple, des faits précis et une méthode rigoureuse, il eut devant lui une foule ardente, mobile, enthousiaste, qui lui demandait, non plus la jouissance austère des recherches scientifiques, mais l'entraînement momentané d'une parole éloquente et généreuse. Le caractère vague et hybride de la chaire d'histoire et de morale semblait justifier d'avance un enseignement où les idées générales auraient plus de place que les faits, où de hardies synthèses remplaceraient les procédés patients de la critique. A côté de Michelet se trouvaient Quinet et Mickiewicz [1], qui, comme lui, se crurent appelés au Collège de France à une sorte d'apostolat philosophique et social. Les trois professeurs formèrent une espèce de triumvirat intellectuel, dont l'action fut immense sur la jeunesse de l'époque. Cette activité nouvelle eut sur Michelet une influence décisive que vinrent encore fortifier les événements de la vie publique. A partir de 1840, la monarchie de Juillet adopta une politique d'immobilité, de résistance à tout progrès, qui devait fatalement amener à une catastrophe, en jetant un grand nombre d'esprits généreux et libéraux dans des opinions extrêmes et des tendances révolutionnaires. Michelet fut de ce nombre. Fils du XVIIIe siècle, il voulut combattre l'influence cléricale ; il publia son cours sur les *Jésuites*

1. Quinet, poète, historien, philosophe, enseignait l'histoire des littératures du midi de l'Europe. Mickiewicz, le grand poète polonais, occupait la chaire de langue et de littérature slaves.

(1843) [1], et *le Prêtre, la Femme* et *la Famille* (1845), livre d'analyse psychologique fine et profonde, où, comme dans ses cours, la prédication morale prenait l'histoire pour base. Sorti des rangs du peuple et fier de son origine, il combattit à côté des apôtres socialistes dont il ne partageait pas, du reste, les utopies, et exposa dans *le Peuple* (1846) les souffrances, les aspirations et les espérances du prolétaire et du paysan. Né sous la Révolution et habitué dès l'enfance à voir en elle le salut du monde, il voulut l'enseigner aux générations nouvelles telle qu'il la voyait, comme un évangile de justice et de paix, et il écrivit son *Histoire de la Révolution*, dont le premier volume parut en 1847. A vrai dire, et malgré les innombrables et minutieuses recherches sur lesquelles cet ouvrage est appuyé [2], ce n'est pas une

1. Quinet et Michelet avaient pris l'un et l'autre *les Jésuites* pour sujet de leur cours, et firent paraître ce volume en commun. Les idées développées par Michelet dans ce cours n'étaient pas nouvelles chez lui. Nous les retrouvons dans des notes de l'École normale de 1831. Il faut renoncer à la légende qui nous montre Michelet devenant hostile au catholicisme parce qu'il a été attaqué par l'abbé Des Garets.

2. Michelet avait fait un dépouillement très complet des registres de la Commune, détruits depuis par les incendies de mai 1871. Il en a tiré une foule de renseignements curieux qui ne se trouvent pas dans les autres histoires de la Révolution. Il avait aussi attentivement étudié les archives de Nantes pour la guerre de Vendée.

histoire, c'est un poème épique en sept volumes, dont le peuple est le héros, personnifié en Danton. Il est possible que la critique historique laisse intactes peu de parties de cette œuvre de Michelet, mais plusieurs passages, la prise de la Bastille, la fête de la fédération, par exemple, ont la beauté durable des grandes créations littéraires. Seul des historiens de la Révolution, Michelet fait comprendre l'enthousiasme crédule et sublime, l'espérance infinie qui saisit la France et l'Europe au lendemain de 1789.

Entre la composition de l'*Histoire de France* au moyen âge et celle de l'*Histoire de la Révolution française*, un profond changement s'était opéré dans le génie de Michelet. Il avait perdu de son calme, de sa mesure, de son impartialité scientifique; il avait pris parti d'une manière passionnée dans les plus graves questions politiques et sociales; sa pensée et son style se ressentaient de l'allure fiévreuse, hachée, qui donnait tant d'originalité à sa parole. Mais, en même temps, sa puissance d'imagination et d'expression avait encore grandi; au lieu de répandre, comme autrefois, sa sympathie en artiste et en poète sur toutes les puissantes manifestations de l'esprit humain, s'éprenant successivement du catholicisme du moyen âge et du protestantisme de Luther, du génie de César et des républiques de Flandre, il concentrait cette sympathie sur quelques grandes causes, dont il devenait l'apôtre; l'ardent foyer qui brûlait en lui, plus concentré, brilla d'une flamme plus haute et plus vive. Ces causes étaient toutes nobles et saintes; elles se résumaient dans les mots de paix, de justice, de progrès. Il voulait réconcilier les nations dans la fraternité universelle; réconcilier les partis et les classes dans l'unité de la patrie; réconcilier la science et la religion dans l'âme humaine. C'était là, à ses yeux, le *credo* laissé par la Révolution. Sa pensée s'étant précisée, son style était devenu plus personnel, plus original, plus dégagé de toute convention, de toute influence extérieure, plus conforme à sa pensée.

La révolution de février 1848 éclata. Michelet put croire un instant à la réalisation de tout ce qu'il avait désiré, voulu, prêché. Il put croire que son apostolat n'avait pas été stérile, lui qui avait voulu tirer de l'histoire *un principe d'action* et créer « plus que des esprits, des âmes et des volontés ». Son illusion fut de courte durée. A l'aurore de concorde et de liberté du printemps de 1848, succédèrent les journées de Juin, l'expédition de Rome de 1849, la réaction de 1850, le coup d'État de 1851. Michelet fut destitué de sa chaire au Collège de France en 1851 ; le refus de serment le força de quitter sa position aux Archives en juin 1852. Ce brusque naufrage de toutes ses espérances, ce silence et cette inaction succédant subitement à une période d'activité fiévreuse et de lutte, étaient faits pour briser son cœur et lui ôter jusqu'à la force de vivre. Bien qu'il continuât à combattre pour les causes qui lui étaient chères en terminant son *Histoire de la Révolution* (1853), et en racontant les épisodes dramatiques du mouvement de 1848 dans l'est de l'Europe (*Pologne et Russie*, 1851; *Principautés danubiennes*, 1853; *Légendes démocratiques du Nord*, 1854), il se sentait impuissant et découragé. Il eut succombé à l'accablement et au trouble moral où le jetèrent ces catastrophes s'il n'avait pas eu en lui une puissance indestructible de foi et d'amour, et si un événement heureux n'avait, pour ainsi dire, renouvelé son âme et ne lui avait permis de recommencer une seconde vie.

Vivant loin du monde, absorbé par son travail et son enseignement, ne quittant la solitude de son cabinet que pour la foule réunie autour de sa chaire du Collège de France, Michelet, avec sa nature aimante, délicate et passionnée, avait besoin d'être au foyer domestique entouré de soins, de tendresse et de dévouement. Il n'avait pas cette joie : sa femme était morte en 1839 ; sa fille s'était mariée en 1842 ; son fils vivait loin de lui. L'agitation des dix années qui suivirent la mort de sa femme lui avait un peu dissimulé ce qui manquait à sa vie intérieure; mais maintenant qu'au dehors tout s'écroulait à la fois, qu'allait-il devenir? Ce fut alors qu'il rencontra celle qui devint sa compagne pendant les vingt-cinq dernières années de sa vie. Par elle il retrouva tout ce qui était nécessaire à sa vie intellectuelle et morale. Elle fut la gardienne vigilante de son travail, elle fit respecter sa solitude, elle mit autour de lui l'ordre et le calme. Le génie de Michelet, fait d'émotion et de sympathie, avait besoin de sympathie et d'échange constant des sentiments et des pensées. L'enseignement lui avait procuré cet échange avec la jeunesse qu'échauffait et remuait sa parole; l'enseignement lui était interdit. Il eut désormais auprès de lui l'âme la mieux faite pour le comprendre, en qui ses pensées trouvaient un écho et lui revenaient rajeunies et revêtues des grâces multiples et changeantes de la nature féminine. Il lui dut un renouvellement de vie.

Leurs ressources étaient minimes. Ils quittèrent Paris et se retirèrent à la campagne. Là, sous l'influence bienfaisante de son bonheur domestique, Michelet abandonna pour quelque temps l'histoire, « la dure, la sauvage histoire de l'homme », et se tourna vers la nature. Il l'avait toujours aimée, il l'avait défendue contre la défiance et les injustes malédictions de l'église; mais il y voyait cependant un monde soumis à la fatalité, contre lequel lutte la liberté humaine. Grâce à l'influence et à l'active collaboration qu'il avait à ses côtés, il vit désormais une étroite parenté entre l'homme et la nature; au moment où les hommes, où ses concitoyens trompaient toutes ses espérances, il trouva dans la nature une sympathie consolatrice. Loin de confondre l'homme avec la nature et de le soumettre aux lois fatales qui semblent la régir, il sut voir en elle les germes de la liberté morale, des rudiments de pensées et de sentiments semblables aux nôtres. En un mot, il lui donna une âme. Dès lors la solitude morale que les événements lui avaient faite se trouva peuplée. Il reconnut autour de lui, dans les animaux, dans les plantes, dans tous les éléments, des âmes sympathiques auxquelles il prêtait lui-même le langage et la voix. Ce fut l'origine d'une série de livres d'une forte et charmante originalité, *l'Oiseau* (1856), *l'Insecte* (1857), *la Mer* (1861), *la Montagne* (1868), qui furent comme autant de chants d'un poème de la nature; la poésie se faisait l'interprète de la science, et cette série de tableaux et de descriptions d'une vérité et d'une puissance merveilleuses formaient dans leur large développement comme un hymne mystique au Dieu infini, unique, présent et vivant dans la multiplicité des choses. Qui pourrait oublier les pages consacrées au rossignol, cet artiste dont le chant, comme toutes les grandes créations musicales, fait entrevoir l'infini? ou celles qui nous parlent des Alpes, « ce château d'eau de l'Europe, le cœur du monde européen », qui répand dans tous les membres du vieux continent l'eau, la vie, la fécondité, et conserve dans ses vallées le dépôt sacré des mœurs simples et des institutions libres? Les savants de profession ont sans doute trouvé à reprendre dans ces livres des erreurs, des inexactitudes, des exagérations. Ils n'en ont pas moins été une révélation. Ils ont montré que les sciences naturelles, qu'on accuse parfois de dessécher l'âme, de dépoétiser la nature et de désenchanter la vie, contiennent les éléments d'une poésie variée et profonde, dont le charme n'est point soumis aux caprices du goût et de la mode, parce qu'il a sa source dans la réalité intime et immuable des choses.

Il en est de la religion comme de la poésie; ses formes peuvent changer; elle demeure un besoin indestructible de l'âme et trouve dans la ruine même des anciens dogmes et des vieilles croyances le point de départ de jeunes croyances et de dogmes nouveaux. On a cru et on a dit que les progrès des sciences chasseraient la religion comme la poésie d'un ciel désormais sans mystères. Michelet trouve dans les sciences mêmes la démonstration d'une foi nouvelle. Elles lui révèlent une harmonie jusqu'alors méconnue dans toutes les parties de l'univers, depuis le minéral qui agrége ses cristaux jusqu'à l'homme qui souffre et qui pleure, et cette harmonie aboutit à l'unité supérieure de la pensée divine et de l'être absolu. Aux spiritualistes étroits qui donnent à l'homme seul le droit à l'âme et condamnent le reste au néant, aux matérialistes qui, en niant l'âme, nient la vie elle-même, il répond en montrant la vie, et avec la vie l'âme, répandues dans toute la nature à des degrés différents et sous des formes diverses. Toute la nature participe ainsi à la vie divine qu'elle manifeste dans une variété infinie. C'est là du panthéisme, dira-t-on. Je le veux bien ; mais c'est le panthéisme qui est au fond de toute conception vraiment religieuse de la divinité. Ce n'est point le panthéisme abstrait qui anéantit la nature en Dieu, car nul n'a plus que Michelet le sentiment de la réalité et de la vie; ce n'est point le panthéisme matérialiste qui absorbe Dieu dans la nature, car il croit à des réalités supérieures au monde sensible, à une perfection suprême où tend l'aspiration éternelle de la nature entière. En trouvant ainsi dans les sciences la source d'une poésie et d'une foi nouvelles, Michelet commençait à réaliser l'œuvre jadis vaguement entrevue pendant son enseignement, la pacification de la science et de l'âme humaine.

Deux choses avaient rendu à Michelet la paix de l'âme et l'espoir dans l'avenir : le bonheur domestique et la communion avec la nature. De même qu'il avait révélé quelle puissance de relèvement et de régénération la nature porte en elle, il vit et montra dans la rénovation des mœurs, dans l'épuration de l'amour et de la famille le moyen assuré de fortifier les caractères et d'affranchir les âmes. Sur les ailes de *l'Oiseau* il avait échappé aux accablantes fatalités de l'histoire ; *l'Insecte* lui avait enseigné la puissance du lent et persévérant labeur ; *la Mer* lui avait promis de retremper dans l'amertune salutaire de ses eaux les membres fatigués d'une génération vieillie avant l'âge ; il avait trouvé dans les salubres émanations de *la Montagne* le cordial capable de relever les courages abattus. Mais ce n'est pas assez de ces influences extérieures ; il faut au plus intime de nous-même un foyer de tendresse, de chaleur, de jeunesse. Ce foyer, c'est l'amour seul qui le crée ; l'amour tel que le font le mariage et la famille, avec tous leurs devoirs comme avec toutes leurs joies. Dans *l'Amour* (1858), Michelet nous a dit comment, par l'amour, l'esprit et le cœur conservent le don d'éternelle jeunesse ; dans *la Femme* (1859), il a montré ce que peut et doit être la femme, « l'adorable idéal de grâce dans la sagesse par lequel seul la famille et la société elle-même vont être recommencées ».

Ces deux livres ont été l'objet de plus d'une critique sévère; on a reproché à Michelet d'embellir des couleurs de son style et de sa poésie des détails physiologiques qu'il eût mieux valu laisser aux livres de science; on l'a trouvé indiscret. Il peut y avoir quelque chose de fondé dans ces reproches; mais le principal tort de Michelet a été de ne pas songer assez au public français, à l'esprit gaulois qui a toujours pris pour sujets de ses railleries l'amour et le mariage. Michelet n'avait rien de cet esprit; rire en pareil sujet lui eût semblé de l'impiété; pénétré de la sainteté de la cause qu'il défendait, il osa tout dire, oubliant que, si « tout est pur pour les purs », il n'en est pas de même pour la foule frivole et rieuse. Mais ceux qui liront ces livres avec un esprit sérieux et sincère, et qui y chercheront avant tout l'inspiration morale qui les anime, n'y trouveront que de graves et nobles enseignements. Ils prêchent « la fixité du mariage » et nous disent que « sans mœurs il n'est point de vie publique ». Ils veulent « replacer le foyer sur un terrain ferme », car « si le foyer n'est ferme, l'enfant ne vivra pas ». Michelet ne perd pas de vue le but final de ses efforts et de ses désirs : « former des cœurs et des volontés. » L'amour n'est pour lui que le point de départ de l'éducation ; le livre de l'*Amour* était la préface de *Nos Fils*, où il exposa en détail ses idées sur ce grand problème de l'éducation, déjà abordé dans *le Peuple* et dans *la Femme*. L'analyse psychologique de l'âme de l'enfant et l'étude des systèmes de pédagogie de Rousseau, Pestalozzi, Frœbel, l'amènent au même résultat. L'éducation se résume dans ces mots : famille, patrie, nature. L'enfant doit apprendre « la patrie, son âme, son histoire, la tradition nationale », et les sciences de la nature, « l'universelle patrie ». Par qui doit-il les apprendre? Par les écoles, sans doute, mais avant tout par la famille, par son père et par sa mère qui lui enseignent à aimer la vérité, c'est-à-dire la *Loi* dans la nature et la *Justice* dans l'humanité. Loin d'exclure la religion, cette éducation est tout entière religieuse, car la patrie et la nature ne sont pour Michelet que des manifestations de Dieu. Le père et la mère représentent auprès de l'enfant deux tendances diverses et pourtant concordantes; « lui, la justice exacte, la loi en action, énergique et austère; elle, la douce justice des circonstances atténuantes, des ménagements équitables que conseille le cœur et qu'autorise la raison ». C'est leur accord, leur harmonie, leur amour qui est la base de toute forte éducation. Cette doctrine, dont tous les traits principaux se trouvent déjà dans *le Peuple*, est développée dans *Nos Fils* avec l'énergie et l'éloquence d'une foi profonde.

Ce n'était pas assez pour Michelet de dire dans quel sens devait être dirigée l'éducation, à quel but elle devait tendre; il avait voulu entreprendre lui-même le rôle d'éducateur, écrire un livre qui résumât les enseignements capables de régénérer les âmes. Il composa *la Bible de l'Humanité* (1864). Il cherche dans les doctrines religieuses et morales de chaque peuple ce qu'elles ont de plus original et de plus élevé, et recueille ainsi de la bouche des ancêtres le *credo* des générations nouvelles. « L'humanité, dit-il, dépose incessamment son âme en une bible commune. Chaque grand peuple y écrit son verset. Ces versets sont fort clairs, mais de formes diverses, d'une écriture très libre, ici en grands poèmes, ici en récits historiques, là en pyramides, en statues. » L'antiquité « diffère très peu des temps modernes dans les grandes choses morales... pour le foyer surtout et les affections du cœur, pour les idées élémentaires de travail, de droit, de justice » Michelet retrouve dans les antiques doctrines de la race aryenne les idées même auxquelles l'avait conduit l'étude de la nature et de l'histoire. Toute l'antiquité joint sa voix à la sienne : l'Inde avec sa tendresse pour tout ce qui vit et sent; l'Égypte « avec son espoir, son effort d'immortalité » ; la Grèce avec son dévouement à la cité, à la patrie; la Perse avec « le labeur qui dompte, qui féconde la nature », et son haut idéal de vie conjugale, active et chaste. Ce livre, « dont le genre humain est l'auteur », mais qui n'est encore qu'un essai, une magnifique ébauche, se termine par ce mot simple et profond qui renferme toute la morale de Michelet : « Le foyer est la pierre qui porte la cité [1]. »

Pendant cette période si féconde d'activité littéraire où il révélait la poésie des sciences et mettait toutes les ressources de son imagination et de son éloquence au service de ses idées d'éducation morale et de philosophie religieuse, Michelet n'avait point abandonné ses travaux historiques. De 1855 à 1867, il termina son *Histoire de France,* depuis Char-

1. On trouvera plus loin une étude spéciale sur Michelet éducateur.

les VIII jusqu'à 1789. Cette seconde partie de l'histoire de France est conçue dans un tout autre esprit et exécutée d'après une tout autre méthode que la première. L'homme d'action, le poète, le philosophe l'emportent désormais sur l'historien et le critique. Au lieu d'une sympathie équitable pour toutes les grandeurs du passé, Michelet attaque avec violence tout ce qui n'est pas conforme à son idéal moderne de justice et de bonté, le moyen âge, le catholicisme, la monarchie. Au lieu de donner à chaque événement, à chaque personnage la place proportionnée qui lui est due, il se laisse guider par les caprices de son imagination, se répand à chaque instant en des digressions poétiques. Enfin il ne nous donne plus un récit suivi des faits, mais une série de considérations, de réflexions, d'appréciations à propos des faits. Toutefois, s'il est moins réglé et moins sage, son génie n'en éclate qu'avec plus de puissance. Ce n'est plus une lumière continue et limpide, ce sont des éclairs qui illuminent par secousses. Qui a jamais su dire comme Michelet la joie héroïque de Luther, la mélancolie sublime d'Albert Durer, la sombre énergie des martyrs calvinistes, la fine et luxurieuse corruption des Valois? Tout est nouveau, imprévu, instructif dans cette histoire. Chaque mot fait penser, ou rêver. Avec lui nous mesurons l'énormité de la démence orgueilleuse de Louis XIV, nous comprenons la folie d'agiotage qui saisit la France à l'époque de Law ; au seuil de la Révolution nous ressentons dans notre âme les mêmes sentiments de trouble, de malaise et d'immense espoir qui agitaient les contemporains. Il ne nous donne pas sur les événements historiques le jugement définitif d'une critique prudente et exacte ; il nous y fait participer avec les passions d'un contemporain. D'autres savent et affirment, lui il voit et il sent.

A cette série de grands travaux historiques se joignit encore un petit volume, *la Sorcière* (1862), où il montrait dans la magie et la sorcellerie la protestation persistante de la nature contre les proscriptions de l'église et sa victoire finale après des siècles de luttes et d'atroces persécutions. Le volume intitulé : *la Pologne martyre*, qui parut au milieu de l'insurrection polonaise de 1863, n'était que la réimpression des récits émouvants et éloquents qu'il avait publiés jadis sur les héros et les martyrs de la révolution en Pologne, en Hongrie, en Roumanie.

Le dernier volume de l'*Histoire de France* avait paru en 1867. Transformé, rajeuni par ses études de sciences naturelles et de psychologie morale, Michelet avait fourni, comme historien, une nouvelle carrière Non seulement il avait retrouvé en lui-même la force et la foi nécessaires pour vivre et agir, mais il voyait la France, si longtemps écrasée et étouffée par le despotisme, reprendre peu à peu son énergie passée, reconquérir une à une ses libertés perdues. Il pouvait de nouveau espérer en l'avenir de cette patrie si passionnément aimée; et il pouvait croire, non sans raison, qu'il avait contribué, par ses pressants appels, à réveiller l'âme endormie de la France. Prompt à devancer, par l'assurance de sa foi, la réalisation de ses désirs, il voyait déjà se lever une génération nouvelle qui aurait appris de lui le respect du foyer, l'amour de la patrie, l'intelligence de la nature. De même qu'en 1846, confiant dans la sympathie et l'enthousiasme excités par son enseignement du Collège de France, il avait annoncé une transformation sociale par l'union de toutes les classes et par la réforme de l'éducation, en 1869 il exprima dans *Nos Fils*, avec une foi plus grande encore, les mêmes espérances et les mêmes prédictions d'avenir. Non-seulement la France se relevait de son abaissement, mais un esprit de paix, de fraternité semblait naître entre les peuples séparés par des haines héréditaires. En 1867, Paris avait offert à toutes les nations réunies dans une rivalité pacifique sa fastueuse hospitalité; en 1867 et 1869, des craintes de guerre bientôt dissipées avaient provoqué en France et en Allemagne, surtout parmi les classes ouvrières, d'unanimes manifestations en faveur de la paix. Il n'était plus question que de progrès sociaux, de réformes libérales. L'esprit de 1789, l'esprit de 1848 se réveillait, sans crédulité ni chimères, fondant la fraternité des nations sur l'affermissement de la patrie, et l'union des classes sur l'unité de la France. Michelet voyait déjà réunis « tous les drapeaux des nations, le tricolore vert d'Italie (Italia mater), l'aigle blanc de Pologne (qui saigna tant pour nous !), le grand drapeau du Saint-Empire, de ma chère Allemagne, noir, rouge et or ! »

En 1848, ces rêves splendides avaient été dissipés par les fusillades des journées de Juin. En 1870 le réveil ne fut pas moins terrible.

Au moment où la ruse ambitieuse de la

Prusse et la légèreté criminelle du gouvernement français menacèrent l'Europe d'une guerre impie, Michelet, presque seul, osa protester publiquement contre l'entraînement d'un chauvinisme vaniteux et brutal. Sa clairvoyance d'historien et son sens profond de la justice lui faisaient prévoir l'issue de la guerre. Il avait droit d'être écouté, lui qui toute sa vie avait prêché le patriotisme, comme on fait d'une religion. Sa voix se perdit dans le tumulte, et le 16 juillet il m'écrivait ces lignes prophétiques : « Les événements se sont précipités... Le crime est accompli. L'Europe interviendra, mais pas assez vite pour qu'il n'y ait avant un désastre immense. » Il ne se trompait que sur un point, l'intervention de l'Europe.

On sait ce qui suivit. Michelet avec sa santé débile, encore ébranlée par ce dernier choc, ne pouvait songer à partager les privations du siège de Paris. Il se retira en Italie; mais son cœur restait en France; de loin il ressentit comme s'il eût été présent toutes les agonies, toutes les souffrances de la patrie. Le coup qui abattit la France le frappa lui aussi. La capitulation de Paris provoqua chez lui une première attaque d'apoplexie. Il s'en relevait à peine quand l'insurrection de la Commune éclata. Le mal revint plus violent, tant il avait identifié sa vie à celle de la France. Cependant, bien que frappé à mort, il se releva encore une fois, grâce à l'ingénieuse tendresse et à l'infatigable dévouement qui veillaient à ses côtés, grâce à cette indomptable énergie de l'esprit qui avait toujours soutenu ses forces toujours chancelantes; il se reprit à l'existence. La flamme qui brûlait en lui et sur laquelle avaient en vain soufflé toutes ces tempêtes, un instant obscurcie, reparaissait vive et brûlante. En dépit de tout, il croyait, il espérait toujours. Au moment des plus cruels désastres, il avait publié une petite brochure: *La France devant l'Europe*, et en face des triomphes de la force, affirmé sa foi dans l'immortalité d'un peuple qui restait à ses yeux le représentant de toutes les idées de progrès, de justice et de liberté. Au lendemain de la Commune, il reprenait la plume et commençait une *Histoire du* XIXe *siècle*. Sentant que ses forces le trahiraient bientôt, il mit à ce travail une activité, une énergie extraordinaires. En trois ans, trois volumes et demi furent achevés et imprimés. Mais cette lutte contre la fatalité des forces naturelles ne pouvait durer toujours. Peut-être s'il avait vu la France, elle aussi, reprendre courage, réparer ses forces morales ainsi que ses forces matérielles, revenir aux traditions généreuses et libérales, ses blessures se seraient-elles cicatrisées et aurait-il vécu davantage. Mais le triomphe momentané d'une politique étroite et impuissante, la réaction de 1873, lui ôtèrent l'espérance de voir ce réveil de l'âme de la France. Il alla s'affaiblissant de jour en jour et il mourut à Hyères, le 9 février 1874, à midi, en pleine lumière : il semblait que la nature voulût le récompenser de son culte passionné pour le soleil, source de toute chaleur et de toute vie.

Il attendait la mort et la reçut sans trouble et sans plainte. On pouvait lire sur son visage grave et serein les sentiments de paix et de confiance exprimés dans les dernières lignes de son testament : « Dieu me donne de revoir les miens et ceux que j'ai aimés. Qu'il reçoive mon âme reconnaissante de tant de biens, de tant d'années laborieuses, de tant d'œuvres, de tant d'amitiés ! »

II

L'HOMME ET L'ŒUVRE

Il suffisait de voir Michelet pour reconnaître que le système nerveux et le développement cérébral l'avaient entièrement emporté chez lui sur le reste du développement physique. On oubliait qu'il eût un corps, tant il était maigre et chétif, et l'on ne voyait que sa belle tête, trop grande, il est vrai, pour sa petite taille, et qu'on eût dit sculptée par son esprit, car elle en était la vivante image. Le haut du visage était admirable de noblesse et de majesté. Son vaste front, encadré de longs cheveux blancs, ses yeux pleins de flamme en même temps que de bonté disaient sa poésie, son enthousiasme, son grand cœur. Les narines minces et dilatées exprimaient une intensité de vie extraordinaire. Sa bouche un peu grande, mais à lèvres fines, dessinée d'un trait accentué et ferme, était tour à tour éloquente et spirituelle et donnait à sa parole un son net et vibrant qui faisait porter chaque mot. Enfin, le bas du visage, le menton carré et un peu lourd, révélaient la forte origine plébéienne; peut-être même un côté de nature moins idéal, plus matériel, qui ne se trahissait jamais dans la vie, mais qui parfois a percé dans ses derniers livres. Quand il parlait, quand la pensée animait ses yeux, on ne voyait plus que son regard, ce regard qui fut jusqu'au bout limpide et brillant comme chez tous ceux dont le cœur reste jeune. Et qui, plus que lui, eut le don d'éternelle jeunesse? Devenu blanc à vingt-cinq ans, il ne changea plus; il ne vieillit pas. Jeune homme, il était d'une maturité précoce; vieillard, il ne perdit rien de sa sève et de son ardeur.

La source de cette immuable jeunesse c'était son cœur. Il a dit lui-même en quoi il fut supérieur aux autres historiens contemporains: « J'ai aimé davantage. » Toutes ses grandes qualités morales et intellectuelles pourraient se ramener à une seule, principe de toutes les autres : la puissance extraordinaire d'amour et de sympathie qui était en lui. Il a été le vivant commentaire de la maxime de Vauvenargues : *les grandes pensées viennent du cœur.* — Il n'est pas un de ses livres, pas une de ses doctrines qui n'aient eu pour inspiration un sentiment, quelque grand amour.

S'il a montré dans *le Peuple*, dans *l'Amour*, dans *la Femme*, dans *Nos Fils*, que l'amour conjugal, le respect du foyer, les liens tendres et forts de la famille sont le point de départ nécessaire de tout progrès social, comme de toute éducation, c'est qu'il devait à ces sentiments le meilleur de lui-même. Il ne nous appartient pas de parler de l'unique et profond amour qui a fait l'harmonie et le bonheur des vingt-cinq dernières années de sa vie ; mais sans parler de cette inspiration, la plus puissante de toutes, combien vivants étaient demeurés en lui les souvenirs de son enfance, les liens qui l'unissaient à ses parents ! Il a conservé dans la préface du *Peuple* la mémoire des sacrifices accomplis par le frère et les sœurs de son père en faveur de leur frère, ceux que sa mère malade s'imposa pour lui-même. Il nous a laissé dans la préface de l'*Histoire de la Révolution* le témoignage du culte qu'il portait à son père et de la douleur que lui causa sa mort. Jamais il ne permit que l'oubli effaçât en lui l'image de ceux qu'il avait aimés; et depuis la mort de sa fille en 1855 il garda au cœur une blessure qui dix ans après lui arrachait des plaintes d'une douloureuse éloquence [1]. Le culte des morts était pour lui une religion. Il appelait le cimetière « le vestibule du temple [2] ».

La famille était à ses yeux la base de la cité; l'amour de la famille était lié en lui à l'amour de la patrie et celui-ci à l'amour de l'humanité. Ces deux derniers sentiments ont été la principale inspiration de ses livres d'histoire. Il n'avait point la passion désintéressée de la science ni la curiosité de l'érudit. Tout ce qui n'était pas *action* et *vie* le touchait peu.

1. *La Sorcière,* chap. VII, au sujet du jour des morts.

2. *Nos Fils,* page 422. Ce culte pour les morts se montrait chez lui par des traits touchants. Il souffrait à la vue d'une tombe mal soignée, et quand il allait visiter les siens au Père-Lachaise, il lui arrivait souvent de faire orner de fleurs les tombes voisines de celles de ses proches. Il fit même une fois refaire la grille brisée du tombeau d'une personne qui lui était entièrement inconnue. Grâce à la libéralité de la Ville de Paris et à une souscription à laquelle la France entière a contribué, un admirable monument, dû au ciseau du sculpteur Mercié, honore la mémoire de Michelet, dans ce cimetière du Père-Lachaise, qui était une de ses promenades favorites.

De même qu'en éducation, *instruire* lui paraissait un point secondaire, et que l'important à ses yeux était d'émouvoir le cœur et de former le caractère, l'étude et l'enseignement de l'histoire étaient pour lui un moyen de perpétuer, de renouveler, de rendre plus intense la *vie* nationale et *d'agir* sur l'avenir par le passé. Michelet aima passionnément la France ; il a tracé d'elle au second volume de son *Histoire* un portrait ému, enthousiaste, comme on ferait d'une personne adorée. Il vivait de sa vie dans le passé, et il est mort des coups qui l'ont frappée. Elle était pour lui une religion : « La patrie, *ma* patrie peut seule, disait-il, sauver le monde. » Son histoire lui semblait le plus beau, le plus utile des enseignements. Il rêvait « une école vraiment commune où les enfants de toute classe, de toute condition, viendraient un an, deux ans, s'asseoir ensemble, et où l'on n'apprendrait rien d'autre que la France[1]. » C'est cet amour pour la France qui lui a dicté son chef-d'œuvre, ces pages qu'on ne peut relire sans des larmes, la *Vie de Jeanne d'Arc*, l'héroïne, le messie de la patrie.

Mais le patriotisme de Michelet n'avait rien

1. *Le Peuple*, page 352.

de commun avec le chauvinisme étroit de ceux qui ne savent aimer leur pays qu'en haïssant l'étranger. Bien loin d'y trouver des motifs d'égoïsme et de haine, il y trouvait la source d'un amour plus large encore. La patrie était pour lui « l'initiation nécessaire à l'universelle patrie ». « Plus l'homme, disait-il, entre dans le génie de sa patrie, mieux il concourt à l'harmonie du globe; il apprend à connaître cette patrie, et dans sa valeur propre, et dans sa valeur relative, comme une note du grand concert; il s'y associe par elle; en elle, il aime le monde. » Si, de toutes les nations, la France lui paraissait la plus digne d'amour, c'est qu'elle est « le représentant des libertés du monde et le pays sympathique entre tous, l'apôtre de la fraternité »; c'est qu'elle a eu plus qu'aucun autre le « génie du sacrifice ». La plus haute manifestation du génie de la France est à ses yeux la Révolution, qui restera dans l'avenir son « nom inexpiable, son nom éternel », et la Révolution symbolise pour lui les idées de justice et de concorde universelle. Il eût dit avec le poète:

Je tiens de ma patrie un cœur qui le déborde,
Et plus je suis Français, plus je me sens humain [1].

1. Sully Prudhomme.

Bien que les souvenirs de son enfance lui aient inspiré plus d'une fois des paroles dures pour l'Angleterre et qu'il n'ait jamais compris la grandeur sévère du génie anglo-saxon, il aimait les peuples étrangers; il a été un des plus ardents apôtres de la paix, un défenseur de toutes les nationalités souffrantes et opprimées. En 1868, dans une préface nouvelle à son *Histoire de la Révolution*, il déclarait les guerres internationales désormais impossibles et saluait du cœur l'unité de l'Italie, l'unité de l'Allemagne [1]. La guerre de 1870 lui apparut comme un crime, et quand, au plus fort de nos revers, il en appelait au jugement de l'Europe des humiliations infligées à la France, il ne parlait pas de vengeance, mais de la mission de paix et de civilisation que sa patrie régénérée devait continuer à accomplir.

Son amour ne s'adressait pas seulement à cet être collectif qu'on appelle la nation ou à cette abstraction qu'on appelle l'humanité. Il aimait vraiment les hommes comme des frères, d'un amour évangélique, quels qu'ils fussent, quelles que fussent leur langue, leur race et leurs convictions. Cet amour des hommes était

1. *Histoire de la Révolution*, 2e édition, page 4.

toute sa politique ; il était républicain, non en vertu d'une théorie rationnelle et abstraite, mais parce que l'aristocratie était à ses yeux un principe d'exclusion, d'orgueil et de dureté, la monarchie un principe d'arbitraire[1], tandis que la démocratie seule lui paraissait pouvoir

1. On a dit que Michelet avait commencé, comme Victor Hugo, par être royaliste fervent. Cela est inexact. On en trouvera la preuve dans notre premier appendice sur le Journal intime de Michelet. Il appartenait à l'école libérale de la Restauration, tout en se défiant plus qu'elle du bonapartisme. Il admirait l'empereur, mais se souvenait qu'il avait ruiné son père et la France. Il évita longtemps de rien écrire sur Napoléon, se sentant trop partial contre lui. Quand, à la fin de sa vie, il entreprit l'histoire de Bonaparte, on a vu la force de ses ressentiments. Ce qui a fait croire au royalisme de Michelet, c'est qu'il donna des leçons à la fille du duc de Berry, plus tard duchesse de Parme, alors âgée de huit ans, et ressentit pour elle une tendresse dont il aima toujours à se souvenir. « Elle a ému mes entrailles de père », disait-il. — Il avait d'ailleurs un sens historique trop profond pour s'associer aux étroitesses intellectuelles des hommes de parti. Les dernières paroles qu'il a prononcées avant de mourir en sont un curieux témoignage. Sortant d'une demi-torpeur, il dit tout à coup : « On eût dû faire manger à Henri V des cœurs de lion. — Pourquoi ? lui demanda-t-on. — Parce qu'il aurait eu le tempérament plus militaire. » Sans vouloir attacher un sens trop précis à ces paroles, ne semble-t-il pas que Michelet ait eu à ce moment le sentiment que la faiblesse de la France contemporaine vient de la rupture de toutes ses traditions historiques ? N'a-t-il pas éprouvé un vague regret, regret d'historien et d'ami de la vieille France, en pensant qu'Henri V eût pu peut-être renouer ces traditions, s'il avait été capable de comprendre les aspirations légitimes et les besoins du monde moderne ?

donner la liberté sans laquelle l'individu et ses forces intellectuelles ne peuvent se développer, et pouvoir seule pratiquer la fraternité qui, d'un même cœur, embrasse tous les hommes et les fait entrer dans la « cité du droit ». Ceux qu'il aimait surtout, c'étaient les plus malheureux, les plus simples, les plus déshérités. Et ce n'était pas en paroles seulement qu'il les aimait. Ce qu'il prêchait dans ses livres, il le mettait en pratique dans sa vie. De même que ses admirations littéraires s'adressaient, non aux écrivains les plus brillants, mais aux natures les plus aimantes, à Ballanche ou à madame Desbordes-Valmore[1], son amitié tenait moins de compte des dons de l'esprit que de ceux du cœur. Le génie à ses yeux était peu de chose, ou pour mieux dire, n'existait pas sans la bonté, et la bonté à elle seule tenait lieu de tout. Lui-même était d'une esquise

1. Sa plus vive admiration était Virgile. « Je suis né, disait-il, de Virgile et de Vico. » Il méditait un commentaire sur Virgile. Il fit en 1841 un voyage en Lombardie pour voir les lieux où Virgile a vécu et qu'il a chantés. Nous trouvons dans le *Peuple* un témoignage éloquent de cette prédilection pour Virgile, prédilection du cœur plus encore que de l'esprit : « Tendre et profond Virgile ! moi qui ai été nourri par lui et comme sur ses genoux, je suis heureux que cette gloire unique lui revienne, la gloire de la pitié et de l'excellence du cœur... (Michelet vient de parler des beaux vers de Virgile sur

bonté. Dans une âme passionnée comme la sienne, sa constante bienveillance, son inaltérable douceur était une haute vertu. Je ne l'ai jamais entendu parler de personne avec amertume, et je ne crois pas qu'il ait jamais volontairement fait de la peine à quelqu'un. Ce qu'il fut pour les pauvres, pour les souffrants, nul ne le saura jamais. Je l'ai vu dépenser son temps en démarches, en correspondances, en efforts de tout genre, pour un pauvre gardien de phare injustement destitué, qu'il avait rencontré par hasard dans un voyage, et cela avec une simplicité extrême, sans aucune attitude de protection ; on eût dit un ami prêtant secours à un ami. La dignité et la bonté s'unissaient en lui dans un si parfait accord, qu'il savait autoriser la familiarité tout en imposant le respect.

Mais l'humanité ne suffisait pas à l'insatiable

le bœuf de labour, et des vers à Gallus : *nec te pœniteat pecoris*). Ce paysan de Mantoue, avec sa timidité de vierge et ses longs cheveux rustiques, c'est pourtant, sans qu'il l'ait su, le vrai pontife et l'augure, entre deux mondes, entre deux âges, à moitié chemin de l'histoire. Indien par sa tendresse pour la nature, chrétien par son amour de l'homme, il reconstitue, cet homme simple, dans son cœur immense, la belle cité universelle dont rien n'est exclu qui ait vie, tandis que chacun n'y veut faire entrer que les siens ». P. 232. Voyez aussi dans le *Banquet*, l'admirable chapitre sur Virgile.

besoin d'aimer qui remplissait son cœur. La cité de Dieu lui paraissait trop étroite s'il se contentait d'y faire entrer tous les hommes : il voulait y admettre tous les êtres vivants. « Pourquoi les frères supérieurs repousseraient-ils hors des lois ceux que le Père universel harmonise dans la loi du monde ? » De ce tendre amour pour la nature sont nés *l'Oiseau, l'Insecte, la Mer, la Montagne.* Déjà, dans ses *Origines du Droit,* il reprochait aux hommes de manquer de reconnaissance envers les plantes et les animaux, « nos premiers précepteurs », « ces irréprochables enfants de Dieu » qui ont fait l'éducation de l'humanité. Dans *le Peuple,* il avait élevé une réclamation touchante en faveur des animaux, « ces enfants » dont l'âme est dédaignée, « dont une fée mauvaise empêcha le développement, qui n'ont pu débrouiller le premier songe du berceau, peut-être des âmes punies, humiliées, sur qui pèse une fatalité passagère[1] ». Il avait béni la science qui fait chaque jour découvrir une parenté plus étroite entre les animaux et l'homme. Plus tard, quand la nature le consola des tristesses que lui causaient les hommes, son amour pour

1. *Le Peuple,* page 228.

elle devint plus intense ; il l'étudia dans sa vie intime, dans les habitudes et les mœurs des êtres innombrables qui l'habitent. Comme une mère suit le moindre mouvement de son enfant et voit dans ses gestes, ses sourires et ses cris tout un monde de sentiments et de pensées, toute la vie d'une âme, cachée aux yeux indifférents, mais sensible déjà au cœur maternel ; Michelet sut à force d'amour comprendre et interpréter ce monde de rêves et de douleurs muettes que nous appelons de ce grand nom mystérieux : la Nature. De quel cœur il suit au bord du toit de l'église le petit oiseau à qui sa mère enseigne à essayer ses ailes, à croire en elle, qui lui dit d'oser ! C'est un spectacle plus touchant, plus émouvant à ses yeux que celui d'une mère surveillant le premier pas de son enfant. Quelle douleur éveillait en lui la vue des oiseaux prisonniers qui paraissent s'adresser à vous, vouloir arrêter le passant, ne demander qu'un bon maître[1] ! Avec quelle tendre sollicitude il épie les lents et minutieux travaux de l'insecte ! On a parfois trouvé risible la sympathie avec laquelle il suit les animaux et les

1. Il fut ce *bon maître* pour plus d'un. Il avait toujours avec lui des oiseaux, il les emmenait en voyage. Il y avait un pinson surtout à qui toute la maison obéissait.

plantes, jusqu'au fond des mers, jusqu'au sommet des montagnes, dans leurs luttes, leurs souffrances, leurs amours, faisant des vœux pour leur bonheur et célébrant leurs triomphes par des effusions de joie et de reconnaissance. Cette émotion serait peut-être risible, si elle n'était profondément sincère. Mais en présence d'un si sérieux, d'un si puissant amour, on retient même le sourire et l'on se reproche les réserves et les objections mesquines qu'élèvent en nous le bon sens vulgaire et la froide raison.

Ce qui donnait à son amour pour la nature le caractère d'un culte enthousiaste et passionné, c'est qu'il voyait et aimait en elle plus qu'elle-même. Elle était pour lui la manifestation sensible et multiple d'une réalité invisible, d'une unité suprême que nous ne pouvons percevoir directement; en un mot, son amour pour la nature n'est qu'une forme de l'adoration de Dieu. Il dit lui-même du livre de *l'Oiseau:* « Par-dessus la mort et son faux divorce, à travers la vie et ses masques qui déguisent l'unité, il vole, il aime à tire-d'aile, du nid au nid, de l'œuf à l'œuf, de l'amour à l'amour de Dieu[1]. » La nature toute seule ne

1. *L'Oiseau*, page 57.

pouvait satisfaire son cœur. Il avait en lui une vie trop intense pour accepter la mort comme une sentence définitive; il avait un trop grand besoin d'amour et d'harmonie pour voir autre chose que de passagères apparences dans les désordres, le mal, la souffrance qui accompagnent la vie terrestre, et pour ne pas croire à l'existence d'un amour infini et d'une harmonie parfaite. C'était son cœur qui lui dictait sa religion, comme il lui avait dicté sa politique. Il ne construisait point de théories philosophiques, il ne s'amusait point à la métaphysique. Dieu ne fut jamais pour lui un principe intellectuel, une cause abstraite, mais « la source de la vie », « l'amour éternel, l'âme universelle des mondes, l'impartial et immuable amour[1] ». S'il croit à l'immortalité, ce n'est pas en vertu d'une déduction logique, d'un raisonnement d'école, c'est par un sentiment, par une violente aspiration de l'âme; ce n'est point parce que l'homme est un être intelligent, un esprit qui se croit immortel, mais parce qu'il est un être aimant. « Je ne sens pas pour mon esprit, me disait-il un jour, le besoin d'une vie éternelle; je sens que

1. *Bible de l'humanité*, page 486.

mes forces intellectuelles ont donné tout ce qu'elles pouvaient produire. Mais je ne puis admettre que la puissance d'aimer qui est en moi soit anéantie. » Il trouvait encore une autre preuve de l'immortalité dans la nécessité d'une autre vie où seront réparées les injustices de la vie terrestre[1]. Il a exprimé dans une page admirable de *l'Oiseau* cet invincible élan de son cœur vers l'immortalité.

« Le plus joyeux des êtres, c'est l'oiseau, parce qu'il se sent fort au delà de son action; parce que, bercé, soulevé de l'haleine du ciel, il nage, il monte sans effort, comme en rêve. La force illimitée, la faculté sublime, obscure chez les êtres inférieurs, chez l'oiseau claire et vive, de prendre à volonté sa force au foyer maternel, d'aspirer la vie à torrent, c'est un enivrement divin.

» La tendance toute naturelle, non orgueilleuse, non impie, de chaque être, est de vouloir ressembler à la grande Mère, de se faire à son image, de participer aux ailes infatigables dont l'Amour éternel couve le monde.

1. « L'empereur Nicolas, disait-il, suffirait pour me faire croire à la vie future. »

« La tradition humaine est fixée là-dessus. L'homme ne veut pas être homme, mais ange, un Dieu ailé. Les génies ailés de la Perse sont les chérubins de la Judée. La Grèce donne des ailes à sa Psyché, à l'âme, et elle trouve le vrai nom de l'âme, l'aspiration (ἆσθμα). L'âme a gardé ses ailes; elle passe à tire-d'aile dans le ténébreux moyen âge, et va croissant d'aspiration. Plus net et plus ardent se formule ce vœu, échappé du plus profond de sa nature et de ses ardeurs prophétiques :

» — Oh ! si j'étais oiseau ! » dit l'homme. La femme n'a nul doute que l'enfant ne devienne un ange.

» Elle l'a vu ainsi dans ses songes.

» Songes ou réalités ?... Rêves ailés, ravissements des nuits, que nous pleurons tant au matin, si vous étiez pourtant ! Si vraiment vous viviez ! Si nous n'avions rien perdu de ce qui fait notre deuil ! Si d'étoiles en étoiles, réunis, élancés dans un vol éternel, nous suivions tous ensemble un doux pélerinage à travers la bonté immense !...

» On le croit par moments. Quelque chose nous dit que ces rêves ne sont pas des rêves, mais des échappées du vrai monde, des lumières entrevues derrière le brouillard d'ici-bas, des promesses certaines, et que le prétendu réel serait plutôt le mauvais songe. »

La religion de Michelet, on le voit, est toute de sentiment et s'adresse plus au cœur qu'à la raison. Comment s'expliquer alors ses jugements si sévères sur le christianisme dans ses derniers ouvrages, l'espèce d'aversion qu'il finit par manifester contre la religion qui enseigne que « Dieu est amour », et contre celui « qui a tant aimé les hommes qu'il est mort pour eux ? » Dans ses premiers livres pourtant il avait parlé du christianisme avec une sympathie émue et respectueuse, presque avec le regret de ne pas croire. Ici, comme toujours, c'est à son cœur qu'il faut demander l'explication des fluctuations de son esprit. Tout d'abord, il faut se rendre compte du point de vue spécial auquel il a considéré le christianisme. Élevé dans le catholicisme, vivant en pays catholique, Michelet n'a songé au christianisme que sous la forme du catholicisme. Il voyait toujours l'Évangile à travers l'*Imitation de Jésus-Christ* et quand il a écrit dans la *Bible de l'Humanité* des pages sur le Christ où il rapetisse si visiblement son caractère et son œuvre, ce n'est pas le Christ de l'Évangile qu'il a devant les yeux, mais je ne sais quel Christ monastique, entrevu dans une miniature de missel ou sur un vitrail d'église. Quand il commença son *Histoire de France*, les tendances cléricales de la Restauration semblaient à jamais vaincues et inoffensives; on ne pensait pas que l'admiration pour le moyen âge pût servir de prétexte à un retour vers les institutions ou les idées du passé. Michelet, sans partager les croyances catholiques [1], admira le rôle bienfaisant de l'Église, la grandeur de son développement historique pendant les premiers siècles du moyen âge, et se laissa aller sans arrière-pensée à la juste sympathie que lui inspirait « cette mère du monde moderne ». La vie de l'Église se confondait pour lui avec la vie même de la patrie, et la renier c'eût été en quelque sorte renier la France. Non seulement il écrivait sur l'architecture gothique, sur la sainteté du célibat ecclésiastique, sur la piété

1. Il eut pourtant vers dix-huit ans une période de mysticisme et de foi; n'ayant pas reçu le baptême dans son enfance, il se fit volontairement baptiser en 1816. Mais, dans ses premiers écrits, on voit que, s'il conserve du respect pour l'Église, il n'a plus la foi. Sa foi même n'a jamais été précise. Elle était plus mystique et sentimentale que dogmatique. Les dogmes n'ont jamais été pour lui que des symboles. (Voyez l'appendice).

du roi Robert et de saint Louis, des pages d'une beauté incomparable, mais il éprouvait pour l'Église des sentiments d'une affection toute filiale : il n'osait toucher « aux plaies d'une Église où il était né et qui lui était encore chère... Toucher au christianisme ! ceux-là seuls n'hésiteraient point qui ne le connaissent pas. Pour moi, je me rappelle les nuits où je veillais une mère malade ; elle souffrait d'être immobile, elle demandait qu'on l'aidât à changer de place et voulait se retourner. Les mains filiales hésitaient ; comment remuer ses membres endoloris[1] ? » Il se laissait même aller en contemplant les grandeurs du passé à de poétiques regrets. Après avoir cité les paroles de saint Louis à son fils, il ajoute : « Cette pureté, cette douceur d'âme, cette élévation merveilleuse où le moyen âge porta ses héros, qui nous la rendra ? » Mais à mesure qu'il avançait dans l'histoire, il voyait l'Église se dégrader, se corrompre, et, après avoir été la gardienne et l'apôtre de la civilisation, se faire l'ennemie de tout progrès et de toute liberté. Son cœur embrassa la cause des persécutés, des victimes de l'Église, avec la même sympa-

1. *Mémoires de Luther*, préface.

thie qu'il avait embrassé la cause de l'Église elle-même. En même temps l'esprit clérical renaissant s'efforçait de ramener la société moderne non plus seulement à l'admiration, mais à l'imitation du moyen âge. Michelet dut prendre parti dans la lutte, et, pour la défense des idées modernes, rompre avec ses habitudes de respect envers l'Église, quelque profondément enracinées qu'elles fussent dans son cœur. « Le moyen âge, dit-il dans *le Peuple*, où j'ai passé ma vie, dont j'ai reproduit dans mes histoires la touchante, l'impuissante aspiration, j'ai dû lui dire: *Arrière!* aujourd'hui que des mains impures l'arrachent de sa tombe et mettent cette pierre devant nous pour nous faire choir dans la voie de l'avenir[1]. »

Jusqu'alors il s'était interdit, par piété filiale, de juger l'Église; à mesure qu'il étudia le catholicisme dans son action, dans ses doctrines, son cœur s'en éloigna de plus en plus. Il ne l'attaqua pas au nom de la raison comme illogique, il le réprouva au nom du sentiment comme injuste. La doctrine chrétienne se résuma à ses yeux dans l'opposition de la

1. Page 361.

justice et de la grâce[1], opposition que son cœur ne pouvait admettre; car la justice sans amour n'est plus qu'une légalité sauvage et impitoyable, et l'amour sans justice un caprice immoral. Il s'émut, s'indigna en voyant la dureté de l'Église pour la femme qu'elle regarde comme un être impur, cause de tentation et de chute; sa dureté pour l'enfant, qu'elle damne, s'il meurt sans baptême; sa dureté pour l'animal à qui elle refuse une âme et en qui elle incarne les démons; sa dureté pour la nature entière, qui représente le mal et le péché. Il regarde le célibat des prêtres comme un attentat contre la vie, la doctrine du péché originel comme un blasphème contre l'enfance, la distinction des élus et des damnés, du ciel et de l'enfer, comme une injure à la bonté de Dieu. L'amour divin enseigné par l'Évangile ne lui apparaissait que défiguré par les mièvreries de la dévotion et par l'orgueil de la théocratie; il ne le trou-

1. Chose curieuse; à l'École normale, en 1830, il montrait dans l'avènement du christianisme le premier triomphe d'une religion de liberté sur les religions fatalistes de l'Orient. La Grâce représentait à ses yeux le libre arbitre en opposition à la loi qui était la fatalité. Combien les généralisations de ce genre, faites d'imagination et de passion, sont arbitraires et superficielles.

vait ni assez large ni assez ardent pour satisfaire son cœur. Comment la Bible juive et chrétienne, issue d'un seul peuple, pourrait-elle répondre aux besoins de l'humanité? Il lui fallait une Bible plus vaste, où toutes les nations auraient mis le meilleur de leur âme et de leur histoire. C'est de cette Bible de l'humanité que Michelet ébaucha le plan grandiose.

« Jérusalem ne peut rester, comme aux anciennes cartes, juste au point du milieu, immense entre l'Europe imperceptible et la petite Asie, effaçant tout le genre humain... Revenant des ombrages immenses de l'Inde et du Râmayana, revenant de l'Arbre de vie, où l'Avesta, le Shah Nameh, me donnaient quatre fleuves, les eaux du paradis, — ici j'avoue, j'ai soif. J'apprécie le désert, j'apprécie Nazareth, les petits lacs de Galilée. Mais franchement, j'ai soif... Je les boirais d'un seul coup. — Laissez plutôt, laissez que l'humanité libre aille partout! Qu'elle boive où burent ses premiers pères! Avec ses énormes travaux, sa tâche étendue en tous sens, ses besoins de Titan, il lui faut beaucoup d'air, beaucoup d'eau et beaucoup de ciel, — non, le ciel tout

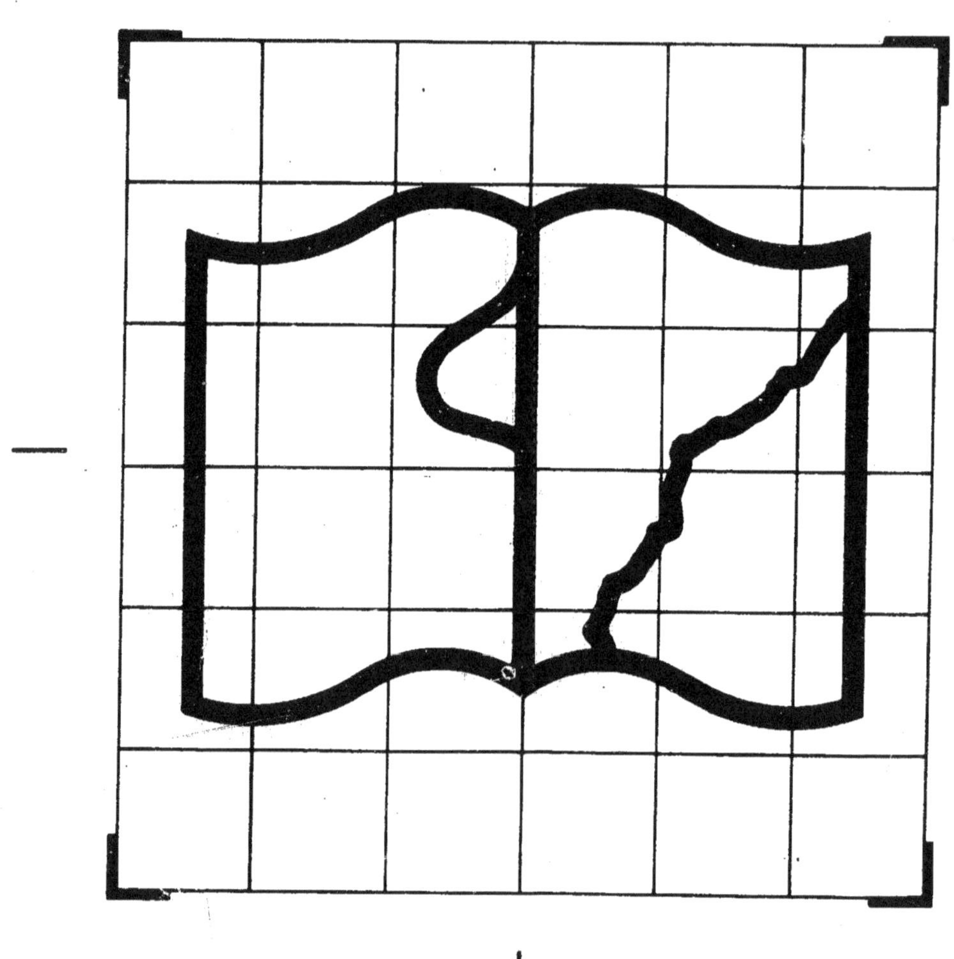

entier, — l'espace et la lumière, l'infini d'horizon, — la terre pour terre promise, et le monde pour Jérusalem[1]. »

Si l'on demandait maintenant qu'elle a été la qualité dominante, la faculté maîtresse de Michelet, je dirais donc que c'était la puissance et le besoin d'aimer. Si sa pensée a quelque chose de saccadé, de fiévreux, c'est qu'on y sent les battements d'un cœur toujours ému. Son imagination même est gouvernée par son cœur et n'est qu'une des formes de sa puissance de sympathie. S'il anime toute la nature, s'il ressuscite les personnages qui ne sont plus, c'est que son cœur ne reste jamais étranger à ce qui occupe son esprit. Il prend parti dans les luttes des éléments comme dans celle des hommes; il aime ou il hait; il raconte les événements passés depuis des siècles comme le ferait un contemporain passionné, et il décrit l'existence des animaux ou des plantes comme s'il avait vécu de leur vie, joui de leur bien-être et souffert de leurs souffrances. Il s'adresse à la sensibilité plus qu'aux sens ; son style est encore plus ému qu'il n'est imagé. Il ne frappe

1. *Bible de l'humanité*, préface.

pas notre esprit, comme d'autres grands poètes, comme Victor Hugo par exemple, par des couleurs et par des sons, mais par le mouvement, les sentiments et la vie dont il anime tout ce dont il parle. La forme n'est pour lui que l'expression de l'âme. L'imagination de Victor Hugo s'éprend des apparences extérieures des choses et trouve pour les peindre des ressources infinies de mots et d'images ; elle est pittoresque, coloriste, matérialiste pour ainsi dire. L'imagination de Michelet cherche l'essence intime des choses, leur sens caché : elle est mystique et presque métaphysique parfois. Hugo matérialise l'âme, Michelet spiritualise la matière. On pourrait tirer de leurs œuvres des séries parallèles de comparaisons où Michelet prête des sentiments et d[illegible] objets matériels, auxquels Victor Hugo compare des choses toutes spirituelles. Tout le monde connaît les beaux vers où Victor Hugo compare son âme à une cloche que des mains profanes ont marquée en tous sens d'inscriptions banales ou grossières, mais sur laquelle le nom de Dieu demeure ineffaçable. Voyez au contraire dans Michelet la page sur la cloche de l'église, mêlée à tous les événements domestiques, y prenant part, émue, vibrant de joie, de deuil.

« Elle est de la famille [1]. » On pourrait citer un grand nombre d'exemples semblables. Pour Hugo, les sentiments ont des formes, des sons, des couleurs ; il parle de l'âme comme si l'on pouvait la toucher et la voir. Pour Michelet, la forme, les couleurs, les sons ne sont que les expressions de certains sentiments, de certaines pensées, les manifestations d'une âme cachée. Il voit les objets inanimés, il en parle comme s'ils étaient des êtres vivants. S'il raconte un naufrage, il nous montre le navire « assommé, éreinté », gisant sur la grève « comme un corps mort ». Le flux et le reflux de la marée, c'est « le pouls de l'Océan », dont les eaux répandent la vie sur le globe comme le sang dans le corps humain. Les phares sont des gardiens dévoués, des veilleurs infatigables, des portiers des mers ; parfois des martyrs, quand, battus de la tempête, ils souffrent de ses coups redoublés. Les lents soulèvements des montagnes sont l'aspiration de la terre vers le soleil, « cet amant adoré » ; mais les montagnes aujourd'hui se dégradent lentement, par le déboisement des forêts : « Les arbres souffrent de cette dégradation. Le pied dans les tourbières, le

1. *Nos Fils*, page 35.

tronc surchargé de mousse, les bras drapés tristement de lichens qui les dominent et les étouffent, ils n'expriment que trop bien l'idée qui me suivait depuis ma lecture de Candolle: « La vulgarité prévaudra [1]. » Partout, en effet, la plaine gagne sur la montagne, elle lui fait la guerre, « et elle marche vers elle pour la raser [2]. »

On a souvent parlé, à propos de Michelet, de caprices, de fantaisie, d'imagination désordonnée errant à l'aventure à travers la nature et l'histoire, saisissant vivement telle ou telle chose au passage et comme par hasard, sans se faire de règle, ni se proposer de but. Rien n'est plus inexact. Jamais homme n'a mieux su le but où il tendait, ni dépensé à ses œuvres une plus grande intensité d'application, un plus grand effort de volonté. Une vague sensibilité errant au hasard dans l'espace n'aurait jamais eu cette puissance créatrice. Chaque chose, chaque être que l'imagination de Michelet vivifie ou ressuscite a été pour lui l'objet d'une contemplation passionnée et exclusive; il a mis à cette contemplation toute l'énergie de désir

1. *La Montagne*, p. 344.
2. *Ibid.*

et de sympathie qui était en lui; si bien qu'il arrive à s'identifier, à se confondre avec l'objet qu'il contemple, par une de ces illusions, par un de ces miracles que l'amour seul peut produire. Comme chez la religieuse extatique qui à force de penser au Christ finit par le voir et l'entendre, la pensée en lui se changeait en vision. On peut l'appeler un halluciné, mais non un rêveur; il apportait au travail une force de volonté, une énergie extraordinaires. Rien ne pouvait le distraire de l'objet de son étude. Jamais il ne lisait un livre, ne se préoccupait d'une chose, étrangers à son travail du moment. Il s'absorbait dans son sujet, il ne voyait que lui. Il acquérait ainsi une intensité prodigieuse de pensée et comme un don de seconde vue. A l'époque de la maturité de son talent, entre 1830 et 1840, il ne vivait que dans ses ouvrages, il leur donnait tout ce que son esprit et son cœur avaient de chaleur et d'énergie, à ce point qu'il semblait indifférent au monde, aux hommes, aux personnes même qui lui tenaient de plus près, et qu'il pouvait passer dans la vie ordinaire pour froid et insensible. Les douleurs, les humiliations de son enfance l'avaient tout refoulé en lui-même; ce n'est que plus tard, après ses cours du Collège de France et surtout à l'époque de *l'Oiseau*, que son cœur révéla tout ce qu'il contenait de bonté.

La vie qu'il avait menée dans son enfance, l'éducation qu'il avait reçue, avaient favorisé ce développement excessif de l'imagination. On dit parfois que pour développer l'imagination il faut la nourrir, l'enrichir; c'est le contraire qui est vrai, il faut l'appauvrir et l'affamer. Elle est le résultat d'une exaltation de l'esprit à qui la simple réalité des choses ne suffit pas, et qui supplée à son indigence en la revêtant de couleurs ou de formes créées par lui-même, en en exagérant les proportions, en réunissant selon sa fantaisie en combinaisons nouvelles ce que la nature a séparé; en un mot, en créant ce qu'il désire à force de passion et de volonté. Ce désir intense ne peut naître que dans les esprits mal satisfaits des aliments qui leur sont donnés. Si l'instruction et la vie ne fournissent pas au cerveau d'un enfant bien doué une occupation suffisante pour dépenser ses forces, il les dépensera par l'imagination. S'il ne voit pas le monde extérieur, s'il ne reçoit pas par l'instruction la nourriture intellectuelle dont il a besoin, il créera pour lui-même un monde. L'imagination la plus puissante que la littérature nous fasse connaître est peut-être celle de Bunyan, qui a su, dans son *Voyage du pèlerin*, donner à des allégories et à des symboles plus de réalité que n'en a aucun personnage de roman ou d'histoire. C'était un homme sans instruction, un chaudronnier qui n'avait jamais lu que la Bible et qui était enfermé en prison. Michelet a passé son enfance dans une espèce de prison, dans la salle basse et sombre où il faisait son travail de compositeur d'imprimerie. Il n'avait pu nourrir son esprit que de deux ou trois livres, une mythologie, Virgile, l'*Imitation de Jésus-Christ*. Son imagination prit des ailes: il créa. Une phrase, un mot, prirent pour lui une valeur extraordinaire; il y trouva des richesses infinies, des sens profonds, des beautés inconnues. C'était l'intensité de son désir qui créait ces beautés, par une illusion semblable à celle de l'amour: l'homme affamé trouve savoureux tous les aliments, même les plus insipides.

Michelet garda toute sa vie les habitudes d'esprit contractées dans son enfance. Il ne put jamais regarder qu'un petit nombre de points, d'objets à la fois; mais son imagination s'en emparait avec une force inouïe et finissait par y voir un monde. « Il me suffit d'un seul texte, disait-il, là où il en faudrait vingt à d'autres. »

Loin de chercher à surexciter son imagination par la vue des objets extérieurs, par une vie agitée, c'est par le recueillement, le silence, l'isolement, la concentration sur lui-même qu'il lui conserva toute sa puissance.

Jamais vie ne fut mieux réglée que la sienne. Il était au travail dès six heures du matin et il restait enfermé jusqu'à midi ou une heure, sans permettre qu'on vînt le déranger ou le distraire. Même pendant ses voyages, pendant ses séjours au bord de la mer ou en Suisse, il ne souffrait pas que rien fût retranché à ses heures de travail. L'après-midi était consacrée à la promenade et à l'amitié. Tous les jours on pouvait venir le voir de quatre à six heures. Il ne travaillait jamais la nuit, et sauf en quelques rares occasions, se retirait pour dormir vers dix heures ou dix heures et demie du soir. D'une extrême sobriété, ne prenant d'autre excitant que le café, qu'il aimait avec passion, ayant le tabac en horreur, il n'acceptait ni dîners ni soirées hors de chez lui. Ces distractions eussent dérangé l'unité de sa vie et de ses pensées. Pour que son esprit eût toute sa liberté, il fallait que rien ne changeât dans les objets qui l'entouraient. Ils étaient pour lui comme une partie de lui-même. Jamais il ne souffrit que le drap qui recouvrait sa table à écrire fût changé, ni que les vieux cartons sales et déchirés où il renfermait ses papiers fussent renouvelés. Son caractère était aussi calme et paisible que sa vie était régulière. Son abord était simple et affable ; sa conversation, mélange exquis d'esprit et de poésie, ne dégénérait jamais en monologue, et, sans avoir rien de guindé ni de solennel, maintenait sans effort l'esprit des interlocuteurs dans des régions élevées. Ses manières avaient gardé les traditions de politesse de l'ancienne France ; sans y mettre de recherche, il montrait les mêmes égards à tous ceux qui l'approchaient, quel que fût leur rang ou leur âge ; cette politesse n'avait rien de banal, car on y sentait une réelle bienveillance. Sa mise était toujours irréprochable. Je le vois encore assis dans son fauteuil, à sa réception du soir, la taille serrée dans une redingote sur laquelle on n'aurait pu trouver une tache ni un grain de poussière; ses pantalons à sous-pieds bien tirés sur ses souliers vernis, tenant un mouchoir blanc dans la main, qu'il avait délicate, nerveuse et soignée comme celle d'une femme, et la tête encadrée dans ses cheveux blancs, longs, légers et soyeux.

Les heures s'écoulaient vite à l'entendre ! Il y avait dans ses paroles tant de profondeur et tant de fantaisie, tant de joyeuse sérénité et tant de sympathique bonté, de l'esprit sans malice et de la poésie sans déclamation ! Sa conversation était ailée ; les idées jaillissaient comme des flèches vives, dardées d'un trait ; ou bien il les laissait s'envoler une à une, d'un vol inégal et capricieux, comme des oiseaux, mais sans les suivre ni les rappeler. Il n'insistait jamais, ne développait pas. Il était un causeur incomparable, et l'on sentait en lui, sans qu'il cherchât à le faire sentir, ce je ne sais quoi de divin qui fait l'homme de génie.

Ce qui donnait à ce génie la grâce, c'est qu'il y joignait la modestie. Il savait écouter, il se laissait contredire, il demandait avis. Même devant des hommes plus jeunes que lui et dont le talent n'était pas égal au sien, il émettait souvent ses idées avec réserve, les questionnant, s'informant de leur opinion. Ce n'est pas qu'il feignît d'ignorer ce qu'il valait. Il a dit de son histoire « *mon monument* » ; et quand il attaquait l'usage du tabac, en montrant que tous les esprits créateurs du siècle, Hugo, Lamartine, Guizot, n'ont jamais fumé, il y ajoutait son propre exemple. Mais il n'exagérait point son mérite, n'occupait pas le public de sa personne, et surtout avait la sagesse de ne pas se croire appelé à jouer tous les rôles et à déployer tous les talents. On eut beau le supplier d'entrer dans la vie politique, il repoussa toutes les avances qui lui furent faites. Après le 2 Décembre, il perdit ses places et fut presque réduit à la pauvreté parce qu'il refusa le serment ; mais il ne fit pas tapage de son désintéressement et ne chercha point à se faire un piédestal des malheurs publics. Passionnément épris pour ses œuvres tout le temps qu'il les composait, il les abandonnait presque et devenait indifférent à leur sort quand elles étaient terminées. Non seulement il méprisait la réclame, mais il était presque insouciant de l'éloge ou du blâme. Il ne sollicitait pas d'articles, et les critiques les plus vives n'excitaient chez lui que le sourire, pourvu qu'elles fussent tournées avec esprit.

Cette sérénité de caractère, cette vie de cénobite, discrète et régulière, bien loin d'éteindre les ardeurs et l'énergie de son âme, les conservaient et les entretenaient au contraire. Rien n'en était dépensé au dehors, et c'est ainsi qu'il a pu produire cinquante volumes sans rien perdre de la chaleur de son cœur ni de l'éclat de son imagination.

Ce n'était pas seulement pour pouvoir composer, créer, qu'il avait besoin de silence et de solitude, c'était aussi, c'était surtout pour pouvoir écrire. Michelet est sans contredit un des trois ou quatre plus grands écrivains du siècle. Son style est peut-être le côté le plus original de son génie. Il serait difficile de dire à quels modèles, à quels antécédents il rattache; il y a en lui du Rousseau, du Diderot et du Chateaubriand; mais on ne pourrait trouver entre eux que de lointaines analogies. Dès son *Histoire romaine*, il ne ressemble à personne. Si j'avais à définir quel est le caractère propre de Michelet comme écrivain, je dirais qu'il est un grand musicien. Il n'est pas à proprement parler un coloriste, il ne cherche pas à peindre par le choix curieux et l'association frappante des mots; il n'est pas un logicien, apportant la conviction dans l'esprit par la justesse des termes et la forte liaison des idées; il n'est pas un orateur, entraînant son public par l'ampleur et la gradation savamment ménagée des périodes. Il est un musicien qui cherche à exprimer les sentiments et même à décrire les objets par le son et par le rythme. Tous les grands écrivains sont plus ou moins musiciens, les poètes surtout. Mais la plupart adoptent une certaine allure constante, une certaine mélodie de phrase qui charme doucement l'oreille et fait dire de leur style : « C'est une musique. » Il en est ainsi de Lamartine. La phrase de George Sand, celle de Cousin, font aussi une impression musicale; mais chez Lamartine la mélodie toujours également ample, sonore, engendre la monotonie; chez George Sand ou Cousin, l'harmonie musicale de la phrase est subordonnée aux autres qualités du style. Cette harmonie est, au contraire, la première préoccupation de Michelet; chez lui les mots sont toujours disposés, combinés, de façon à produire un rythme, une harmonie parfaitement d'accord avec le caractère de la pensée et aussi variés que la pensée elle-même. Son style est comme la notation musicale de sa pensée ; il en suit tous les mouvements, les allées et les retours, les secousses, les saillies ; de là cette variété infinie de rythme; ces phrases tantôt amples et cadencées, tantôt brèves et saccadées, où les mots agissent à la fois sur l'oreille et sur l'esprit par leur son et par leur sens. Michelet avait besoin de calme et de tranquillité pour noter ainsi ses pensées. Les bruits du dehors l'empêchaient d'entendre le rythme intérieur. Quand, en octobre 1859, au milieu d'une tempête, il cherchait à écrire ses impressions, il vint un moment où il dut s'arrêter; la violence du vent et de la mer, la fatigue et le manque de sommeil avaient blessé en lui une puissance, « la plus délicate de l'écrivain, le rythme. Ma phrase devenait inharmonique. Cette corde, dans mon instrument, la première se trouva cassée ». Ces expressions nous montrent que Michelet sentait qu'il écrivait comme un musicien compose. Dans ce même récit de la tempête, au chapitre VIIe de *la Mer*, se trouvent de nombreux exemples de la puissance d'expression qu'il trouve dans la variété du rythme de ses phrases. Au début, il peint le charme de la plage de Royan.

« Les deux plages semi-circulaires de Royan et de Saint-Georges, sur leur sable fin, donnent aux pieds les plus délicats les plus douces promenades, qu'on prolonge sans se lasser dans la senteur des pins qui égayent la dune de leur jeune verdure. »

Quelle douceur, quelle lenteur dans cette longue phrase qui continue tout en paraissant prête à s'arrêter à chaque pas ! Un peu plus loin la tempête éclate :

« Le grand hurlement n'avait de variante que les voix bizarres, fantasques, du vent acharné sur nous. Cette maison lui faisait obstacle ; elle était pour lui un but qu'il assaillait de cent manières. C'était parfois le coup brusque d'un maître qui frappe à la porte, des secousses comme d'une main forte pour arracher le volet ; c'étaient des plaintes aiguës par la cheminée ; des désolations de ne pas entrer, des menaces si l'on n'ouvrait pas, enfin, des emportements, d'effrayantes tentatives d'enlever le toit. Tous ces bruits étaient couverts pourtant par le grand heu ! heu ! tant celui-ci était immense, puissant, épouvantable. »

C'est dans *l'Oiseau* que Michelet est arrivé à la pleine maturité de son talent d'écrivain, c'est là qu'il a pu le mieux exercer les qualités musicales et rythmiques de son style. Je n'en citerai que deux exemples. L'un sur l'alouette :

« Bien autrement puissante de voix et de respiration, la petite alouette monte en filant son chant, et on l'entend encore quand on ne la voit plus. »

La phrase commence par des mots longs et pesants, continue plus légère par des dissyllabes, puis, toujours plus grêle, ainsi que le chant de l'alouette, elle finit en monosyllabes, les plus brefs, les plus nets, les plus clairs. Chantez la phrase, vous verrez que les derniers sons *an, on, e, a, oi, u,* font une gamme chromatique ascendante. L'autre phrase est une invocation à la frégate, le plus puissant par ses ailes, le plus infatigable des oiseaux.

« Que ne me prends-tu sur ton aile, roi de l'air, sans peur, sans fatigue, maître de l'espace, dont le vol si rapide supprime le temps ! »

N'y a-t-il pas là trois coups d'aile, courts, vigoureux : « roi de l'air, — sans peur, — sans fatigue », — un quatrième plus large et plus fort, « maître de l'espace », et l'oiseau file en planant, les ailes immobiles et étendues, — « dont le vol si rapide supprime le temps. » Changez un seul mot à ces phrases, même le plus inutile au sens, et vous en détruirez la valeur aussi bien qu'en ôtant une note à une phrase musicale. Mais aussi, en quelques mots, peut-être insignifiants en eux-mêmes, Michelet fait-il pénétrer dans l'esprit, d'une manière ineffaçable, son idée et son sentiment. Déjà dans ses premiers livres cette conception musicale du style se fait sentir, quoique avec moins de force. Nous en trouvons de nombreux exemples dans *le Peuple.* Quatre lignes font un tableau complet de la grandeur déserte et désolée de l'empire romain en décadence : « Des voies magnifiques attendaient toujours le voyageur qui ne passait plus, de somptueux aqueducs continuaient de porter des fleuves aux cités silencieuses et n'y trouvaient plus personne à désaltérer. »

Dans les dernières années de sa vie, Michelet, entraîné inconsciemment par ses tendances au rythme, a fini par retomber fréquemment dans les mêmes cadences. Son esprit s'accoutuma involontairement à la mesure des vers de six, huit et douze syllabes, et l'on trouve dans *la Montagne*, dans *Nos Fils*, et déjà même dans *la Sorcière*, des pages entières en vers blancs. Quelquefois ce rythme un peu monotone produit encore de très beaux effets ; par exemple, dans cette page de *la Sorcière :*

« C'est aussi véritablement une cruelle invention d'avoir tiré la fête des Morts du printemps où l'antiquité la plaçait, pour la mettre en novembre. En mai, où elle fut d'abord, on les enterrait dans les fleurs. En mars, où on la mit ensuite, — elle était avec le labour — l'éveil de l'alouette; — la mort et le grain, dans la terre, — entraient ensemble avec le même espoir. — Mais, hélas! en novembre, — quand tous les travaux sont finis, — la saison close et sombre pour longtemps, — quand on revient à la maison, — quand l'homme se rasseoit au foyer — et voit en face la place à jamais vide, — oh! quel accroissement de deuil! — Évidemment, en prenant ce moment, déjà funèbre en lui, des obsèques de la nature, on craignait qu'en lui-même l'homme n'eût pas assez de douleur [1]. »

Mais ailleurs le style devient d'une monotonie fatigante; *la Montagne* offre des séries d'alexandrins :

« Et le temps est venu — où la mort me plaît moins, — où je lui dis : Attends. — Parlé-je ainsi pour moi? — Oui, pour moi, j'aime encore. — Pourtant j'ai fait beaucoup. — Comme œuvres et labeurs, — j'ai dépassé

1. *La Sorcière*, page 99.

trois vies. — J'accepterais le sort, — si parmi ces pensées — une autre ne venait — une autre inquiétude — au point si vulnérable — où bat, vibre mon cœur [1]. »

Évidemment l'instrument avait perdu de sa vigueur et de sa délicatesse. Au lieu de la riche variété des harmonies d'autrefois, nous voyons revenir constamment le même rythme, la même ritournelle. C'était un premier signe où l'on reconnaissait que son talent se ressentait des atteintes de l'âge.

Et pourtant on hésite à prononcer les mots d'âge, de vieillesse, à propos de Michelet, tant il resta toujours jeune de cœur, d'esprit et d'imagination, en dépit des années, en dépit des hommes. Lorsqu'on embrasse dans son ensemble cette vie si simple et si pure, cette série d'œuvres si variées, si originales, si poétiques, on se demande quel a été le trait de son caractère et de son génie qui le distingue nettement de tous les autres écrivains français; comment il se fait qu'il soit pour ainsi dire unique en son genre, qu'il n'ait pas eu d'an-

1. *La Montagne*, page 202.

cêtres et qu'il n'ait pas de postérité littéraire. Il faut attribuer, je crois, cette originalité si marquée à ce qu'il a conservé à travers l'âge mûr et jusqu'à la vieillesse *quelque chose de l'enfant;* ce mot implique dans mon esprit un éloge et non un blâme. Les Français, d'ordinaire, n'ont rien de l'enfant; d'autres peuples au contraire, les races germaniques par exemple, en conservent toujours quelque chose; aussi gardent-ils bien plus la fraîcheur des sentiments, la jeunesse du cœur et l'intelligence des choses simples qui sont si souvent en même temps les choses profondes. Michelet avait en lui ce trait germanique qui, mêlé à une nature d'ailleurs toute française, fit sa grande originalité. Comme l'enfant, il n'était blasé sur rien; il admirait, s'étonnait, trouvait à chaque chose une beauté ou un intérêt toujours nouveaux; il se livrait tout entier à l'émotion, à l'affection du moment, et pouvait transporter sans cesse sa sympathie d'un objet à un autre sans qu'elle perdît rien de sa vivacité et de sa fraîcheur. Comme l'enfant, il était toujours sincère, et c'était de l'abondance de son cœur que parlait sa bouche; comme l'enfant, il prenait toutes choses au sérieux, et n'avait pas ce qu'on appelle le sentiment du ridicule, qui n'est le plus souvent qu'une frivolité inintelligente ou une moquerie irrespectueuse; comme l'enfant, il était souvent gai et jamais railleur, parfois triste et jamais découragé; comme l'enfant enfin, il comprenait les choses par intuition plus que par analyse, et d'un simple regard pénétrait souvent plus profondément dans la réalité que ne l'aurait fait le critique la plus subtil. Ce qu'il a écrit dans *le Peuple* sur l'homme de génie peut s'appliquer à lui-même :

« Si vous étudiez sérieusement dans sa vie et dans ses œuvres ce mystère de la nature qu'on appelle l'homme de génie, vous trouverez généralement que c'est celui qui, tout en acquérant les dons du critique, a gardé les dons du simple... La simplicité, la bonté sont le fonds du génie, sa raison première; c'est par elles qu'il participe à la fécondité de Dieu... Le génie a le don d'enfance, comme ne l'a jamais l'enfant. Ce don, c'est l'instinct vague, immense, que la réflexion précise et retient bientôt, de sorte que l'enfant est de bonne heure questionneur, épilogueur et tout plein d'objections. Le génie garde l'instinct natif dans sa forte impulsion, avec une grâce de

Dieu que malheureusement l'enfant perd, la jeune et vivace espérance. »

Michelet l'eut toujours dans le cœur, la jeune et vivace espérance. C'est ce qui rend la lecture de ses livres si bienfaisante. On oublie les défauts de l'enfant ; sa vue seule fait aimer la nature et bénir la vie. Comment n'oublierions-nous pas les défauts de Michelet, quand nous apprenons de lui à aimer, à agir, à espérer?

APPENDICE I

MICHELET ÉDUCATEUR

Soit, comme professeur, soit comme écrivain, Michelet a donné toute sa vie à l'enseignement. Il n'a jamais voulu entrer dans la vie politique, et s'il a quitté la carrière du professorat, ç'a été par contrainte et avec déchirement de cœur. C'est à l'École normale que son enseignement fut le plus fécond ; ses ouvrages de cette période, l'*Histoire romaine*, les six premiers volumes de l'*Histoire de France*, sont les plus solides au point de vue de la science, les plus achevés au point de vue de la composition et du style, les plus riches en fortes pensées. Ses cours se composaient de vastes aperçus sur l'histoire universelle où il esquissait en traits rapides et vigoureux la physionomie de chaque civilisation et de chaque époque, et d'études de détail sur quelques points spéciaux, par lesquelles il initiait ses élèves aux recherches d'érudition et aux règles de la critique. Il joignait à ses leçons des conseils pratiques à ses élèves sur la manière dont ils devaient comprendre leur tâche de professeurs, et profiter de leur séjour dans les lycées de province pour y étudier, selon les ressources qu'offrirait leur résidence, soit les archives, soit l'histoire locale, soit l'archéologie, soit même les patois. Il prenait plaisir à connaître l'origine et le lieu de naissance des jeunes gens qu'il avait devant lui et en qui il voyait comme un abrégé de la France. Il se donnait tout entier à ses élèves, et à leur tour ses élèves ont eu sur lui une influence bienfaisante. « Ils m'ont rendu, dit-il, sans le savoir, un service immense. Si j'avais, comme historien, un mérite spécial qui me soutient à côté de mes illustres prédécesseurs, je le devrais à l'enseignement, qui pour moi fut l'*amitié*. Ces grands historiens ont été brillants, judicieux, profonds. Moi, j'ai aimé davantage. » — Il ajoute : « J'ai souffert davantage aussi. Les épreuves de mon enfance me sont toujours présentes, j'ai gardé l'impression du travail, d'une vie âpre et laborieuse, je suis resté peuple. » Cet amour de la jeunesse et cet amour du peuple, unis à l'amour de la France, ont été l'inspiration même de sa vie, et c'est pour cela qu'il a été essentiellement un éducateur. « Quelle est, dit-il, la première partie de la politique? L'éducation. La seconde? L'éducation. Et la troisième? L'éducation. » S'il a écrit l'Histoire de France, c'est pour donner à la jeunesse et à la nation une conscience plus nette de la patrie, pour enseigner la patrie « comme dogme et principe, puis comme légende. » La patrie était en effet pour lui une religion, celle du dévouement et de la fraternité. Il se regardait comme le révélateur de l'âme de la France, « de son génie pacifique et vraiment humain. » — « Que ce soit là ma part dans l'avenir d'avoir, non pas atteint, mais marqué le but de l'histoire... Thierry y voyait une *narration* et M. Guizot une *analyse*. Je l'ai nommée *résurrection* et ce nom lui restera. » Grâce en effet à une érudition solide et à une imagination d'une puissance et d'une fraîcheur incomparables, il a fait vraiment revivre la France du moyen âge, et surtout il a réussi par la force de sa sympathie à rendre la voix à ces masses populaires anonymes, à ces souffrants, ces persécutés, ces déshérités qui font l'histoire et pour lesquels l'histoire est ingrate. Les deux points culminants de l'histoire de France étaient pour lui ce qu'il appelait ses deux *rédemptions*, Jeanne d'Arc et la Révolution. Il a consacré à l'une un volume qui est son chef-d'œuvre, et un des chefs-d'œuvre de la littérature française, à la seconde un ouvrage en sept volumes.

Il aborda l'histoire de la Révolution avec un sentiment d'enthousiasme mystique, vers 1845, peu après la mort de sa première femme : il s'y prépara dans une sorte de recueillement ascétique. Il prévoyait des révolutions politiques, peut-être des guerres européennes, il voulait rapprocher les classes, enseigner à la bourgeoisie l'amour du peuple, enseigner à tous « l'élan de 92, la gloire du jeune drapeau et la loi de l'équité divine, de la fraternité, que la France promulgua, écrivit de son sang. » Le *Peuple*, paru en 1846, fut la préface de l'Histoire de la Révolution, dont le premier volume est de 1847.

Composée dans cet esprit, cette histoire, qui repose pourtant sur des recherches très sérieuses et très neuves, a plutôt les allures d'une épopée, et de la prédication enflammée d'un apôtre.

Si à cette époque le côté lyrique, imaginatif et mystique de son talent prit un développement excessif, on doit l'attribuer en partie aux circonstances politiques, aux agitations religieuses et sociales qui ont précédé la Révolution de 1848, mais aussi au théâtre nouveau où son enseignement était transporté depuis 1838, au Collège de France. Là, avec ses collègues Quinet et Mickiewicz, il formait une sorte de triumvirat professoral ; entouré d'une jeunesse ardente, plus avide d'émotions que de science, pénétré de la gravité des temps, il se crut appelé à une sorte d'apostolat social et moral. Il en sortit des œuvres d'une rare éloquence, pleines d'aperçus ingénieux et profonds ; son génie ne perdit rien de son éclat et de sa puissance, mais la sérénité et l'équilibre de son esprit furent troublés. Les onze derniers volumes de son *Histoire de France* sont moins une histoire complète et suivie qu'une série d'aperçus tantôt brillants, tantôt profonds sur les XVIe, XVIIe et XVIIIe siècles. De plus il s'était fait dans son esprit une réaction excessive contre le moyen âge, contre le catholicisme et contre la royauté, et l'on ne trouve pas dans ces derniers volumes, ni dans l'*Histoire du XIXe siècle*, ni dans la *Sorcière*, la même largeur de sympathie, la même équité qu'il avait montrées dans ses premières œuvres.

Les tristesses de l'histoire, les hontes de l'ancien régime devinrent pour lui comme un cauchemar qui s'ajoutait aux tristesses et aux hontes des premières années du second empire pour remplir son cœur d'amertume et noircir son imagination. Les études d'histoire naturelle furent pour lui un rafraîchissement et un cordial et il retrouva dans ses livres l'*Oiseau*, l'*Insecte*, la *Mer*, l'équilibre qu'il avait perdu et le plein épanouissement de son génie. En même temps il ne perdait pas de vue la tâche d'éducateur qu'il s'était donnée. L'*Amour* et la *Femme*, malgré des crudités inutiles et des puérilités choquantes, sont des livres d'une haute inspiration, écrits pour montrer dans la famille et dans la femme la base de toute éducation et de toute société. Dans la *Bible de l'Humanité* il voulut extraire de toutes les religions, et surtout des civilisations antiques, les plus hautes idées de morale et de vertu, les exemples les plus propres à fortifier la conscience moderne, écrire un livre d'édification laïque ; malheureusement, les chapitres sur le judaïsme et le christianisme sont conçus dans un esprit hostile et injuste, et ne font pas ressortir ce que ces religions ont apporté au trésor commun des grandes idées et des grands sentiments de l'humanité. Enfin il a résumé dans *Nos Fils* ses idées pédagogiques, ses espérances et ses projets de réforme pour la France.

Il est très difficile de tirer des livres de Michelet une doctrine pédagogique précise, logique et aboutissant à des conclusions nettes. Il n'est ni un philosophe théoricien, ni un réformateur pratique; il est un semeur et un excitateur d'idées, un prédicateur qui s'adresse au cœur et à l'imagination autant qu'à la raison. Il n'expose pas un système; il exprime des aspirations, des désirs; il ouvre des perspectives.

Le principe philosophique de toute sa pédagogie est l'idée de Rousseau, l'idée de la bonté foncière de la nature humaine. L'âme humaine naît innocente et contient en elle les éléments de tout développement intellectuel et moral. L'éducation ne doit pas être une contrainte, elle n'a pas pour objet de réprimer ou de châtier, mais de diriger l'homme dans ses voies normales, de le placer dans les conditions où il fera naturellement le bien; l'instruction ne doit pas être une chose étrangère qu'on impose au cerveau de l'enfant, elle est le développement normal des énergies naturelles du cerveau, à qui on donne à mesure les aliments nécessaires à leur croissance. Aussi Michelet fait-il une critique sévère de l'enseignement des écoles catholiques, aussi bien des écoles des jansénistes que de celles des jésuites, qui partent toutes de l'idée de la chute, et il s'attache à faire connaître et à développer les théories de Coménius, de Rousseau, de Pestalozzi et de Frœbel. L'enthousiasme de Michelet pour ce dernier et pour son élève, madame de Marenholtz, ce qu'il a écrit sur eux dans *Nos Fils*, ce qu'il disait d'eux dans ses conversations, a beaucoup contribué à la popularité qui s'est attachée en France au système de Frœbel, souvent plus admiré que connu.

Si le point de départ de l'éducation est la bonté naturelle de l'homme, le but de l'éducation est de former l'homme pour l'action. Voltaire, Vico, Daniel de Foë ont proclamé au XVIIIe siècle ce principe que l'homme est fait pour l'action, se sauve par l'action. Optimisme et liberté, tels sont les deux idées fondamentales de la pédagogie de Michelet. Mais il faut que cette liberté soit dirigée, que cette action ait un objet. Cet objet, c'est la justice. L'ancien régime reposait sur l'idée de la grâce, de la faveur; c'est aussi le fondement de l'éducation catholique. La Révolution a remplacé le principe de la grâce par celui de la justice, qui est identique à la fraternité. Optimisme et liberté sont les bases de l'éducation; optimisme, liberté et justice sont les bases de la société.

L'éducation pour Michelet commence avant la naissance. Il veut que la mère se sanctifie pour ainsi dire pour l'enfant qu'elle va mettre au monde, et il insiste beaucoup sur les influences inconscientes, sur la prédestination physiologique qui se transmettent des parents aux enfants. L'harmonie dans la famille, des mœurs conjugales austères, le sentiment de la responsabilité chez les parents, sont les points de départ de toute éducation. Le père enseigne à l'enfant par son exemple le dévouement; il lui parle de la justice et de la patrie; la mère enseigne à l'enfant l'union du devoir et de l'amour, en lui apprenant à admirer son père.

Après ces premières impressions familiales viennent l'éducation physique, l'éducation morale, l'éducation intellectuelle.

Michelet insiste beaucoup sur l'éducation physique, sur les exercices du corps, sur la nécessité de laisser les forces de l'enfant se développer en toute liberté. Il y revient à plusieurs reprises dans ses écrits; il exhorte surtout les habitants des villes à conduire leurs enfants soit sur les montagnes, soit au bord de la mer. Il appelle les bains de mer la *vita nuova* des nations.

L'éducation morale a essentiellement pour objet, aux yeux de Michelet, de développer l'amour de la nature et celui de la patrie. Il confond ces deux sentiments avec la religion elle-même. « Il faut dans cet enfant fonder l'homme, créer la vie du cœur. Dieu d'abord, révélé par la mère, dans l'amour et dans la nature. Dieu ensuite, révélé par le père dans la patrie vivante, dans son histoire héroïque, dans le sentiment de la France. » Il faut que l'enfant aime les animaux, les plantes, tout ce qui a vie, qu'il aime la nature elle-même comme une mère invisible et présente ; qu'il aime la patrie comme une personne vivante, visible dans les grandes œuvres où s'est déposée la vie nationale. Michelet ne veut pas qu'on parle trop tôt à l'enfant de Dieu. Dieu ne doit apparaître à l'enfant que quand l'idée de justice est née, comme *Dieu de justice*. Le père loue en Dieu la *Loi* du monde, la mère le prie comme la *Cause* aimante. Bien que Michelet, en vertu même du rôle qu'il donne à la justice, fasse du devoir la base de la morale et incarne dans les parents l'idée du devoir, on voit dans toutes ses œuvres que l'idée mystique de la nature et de la patrie, considérées comme objet d'un culte, était au fond sa préoccupation dominante.

Quant à l'éducation intellectuelle, les deux points sur lesquels Michelet insiste le plus sont : 1° la nécessité de ne pas surcharger l'esprit des enfants, de ne pas les accabler par trop d'heures de travail. « La quantité du travail y fait bien moins qu'on ne croit; les enfants n'en prennent jamais qu'un peu tous les jours; c'est comme un vase dont l'entrée est étroite; versez peu, versez beaucoup, il n'y entrera jamais beaucoup à la fois; » 2° la nécessité de mettre de l'harmonie dans les facultés de l'enfant en n'en faisant pas une pure machine intellectuelle, en faisant des connaissances un tout organique. Pour la première éducation, il veut avec Frœbel développer le talent créateur de l'enfant, lui apprendre à s'approprier le monde et à associer ses idées par l'action ; puis avec Coménius, avec Pestalozzi, avec Frœbel, il recommande la méthode intuitive, qui met les choses avant les mots; avec Pestalozzi, il voudrait associer le travail manuel au travail intellectuel, un enseignement qui réunît l'agriculture, le métier et l'école. Enfin, dans ses vues de réformes pour l'Université, dont il vante du reste les mérites solides et modestes, il demande qu'on rende l'enseignement plus simple et plus général, qu'on fasse comprendre les liens qui unissent les sciences, qu'on développe l'homme physique, qu'on mette en rapport le collège, les écoles industrielles, les écoles agricoles. Il est difficile de tirer des idées pratiques très claires des chapitres de *Nos Fils* qui traitent de ces derniers points, ainsi que de ceux qui sont consacrés aux écoles de droit et de médecine; mais on peut dire en résumé que la conception de Michelet en matière d'éducation est l'éducation encyclopédique que Rabelais fait donner à Gargantua. Il veut une éducation qui songe au *sujet*, à l'homme, au lieu de ne songer qu'à un des *objets* de l'enseignement, à la science.

Les idées de Michelet sur l'éducation ne se bornent pas à l'enfance et à la jeunesse, elles s'étendent à la nation entière, au peuple surtout qui, à tant d'égards, reste enfant et enfant négligé. Il voudrait que les jeunes gens de la bourgeoisie se fissent les apôtres de l'union entre les classes en s'occupant de l'instruction populaire, que les écoles, devenues écoles libres, dépendant seulement des communes, fussent à tous les degrés de l'enseignement accessibles à tous les jeunes gens sans distinction de fortune d'après le mérite seul; enfin que la commune jouât dans la vie nationale un rôle beaucoup plus grand qu'aujourd'hui, que chacun consacrât à l'association communale le meilleur de ses forces. Il faisait à cet égard de beaux rêves. Il imaginait une société où l'enseignement serait la fonction de tous ou presque tous, « où l'on profiterait de l'élan du jeune homme, du recueillement du vieillard, de la flamme de l'un, de la lumière de l'autre ». Il désirait surtout que l'on créât des fêtes populaires, des fêtes nationales, même des fêtes internationales « qui dilatent le cœur », qui enseignent le patriotisme, la fraternité, des fêtes semblables à celles de la Grèce. Comme il avait été le premier à retrouver et à raconter ce qu'avaient été les fédérations en 1790, il gardait l'espoir de voir un jour jaillir du cœur des peuples des fêtes exerçant une action morale sur ceux qui y prendraient part.

Théâtres, concerts, banquets, il voulait de grandes manifestations de la vie collective unissant les classes et les moralisant toutes. Il a tracé à la fin du *Banquet* un admirable programme de ces *pia vota* si différents de la réalité. Il demandait aussi que l'on fît pour le peuple des livres qui lui donnassent sous une forme très simple, mais élevée et belle, non enfantine, une nourriture intellectuelle solide et saine, des *livres d'action*, des *bibles du travail* (récits de voyages, biographies des grands inventeurs, etc.), des livres de morale, et surtout la *Bible de la France*. Lui-même avait écrit le *Peuple* et la *Bible de l'humanité*, mais il sentait que sa langue n'était pas accessible au peuple et il en souffrait.

Michelet a pourtant écrit une de ces Bibles populaires, c'est sa Jeanne d'Arc. Tous peuvent la lire et la comprendre. Les livres tels qu'il les désirait commencent à naître, et il aura contribué à leur éclosion. Si ce grand écrivain était trop original pour avoir à proprement parler des disciples, il aura exercé néanmoins une puissante et durable influence, dans la science, dans la politique, dans l'éducation, dans les mœurs publiques : il aura été un éducateur. Nul ne l'aura lu et goûté sans s'être senti plus pénétré de ses devoirs envers l'enfance, envers le peuple, envers la patrie, sans aimer davantage l'humanité et la justice.

APPENDICE II

LE JOURNAL INTIME DE MICHELET [1]

Si la France possède une série si riche et si admirable de correspondances et de mémoires, c'est que notre race a le goût et le don de l'observation psychologique, et que toute observation psychologique est plus ou moins une confession. Le talent de s'observer et de se raconter soi-même n'est-il pas un des mérites les moins contestés de nos écrivains ?

1. *Mon journal*, 1820-1823. Paris, Marpon et Flammarion, 1888. In-12. — Les dates 1820-1823 sont inexactes. Le journal intime ne comprend que les années 1820-1822 ; le journal des idées s'étend de 1818 à 1829 ; la liste des lectures également.

D'autres peuples ont pu nous disputer la première place dans la poésie lyrique, dans la philosophie ou l'art dramatique : nul ne nous a refusé la gloire d'avoir donné au monde les premiers des moralistes. Pourquoi Montaigne reste-t-il éternellement jeune? Pourquoi lit-on plus les *Pensées* que les *Provinciales*, madame de Sévigné que Bossuet, les *Confessions* que le *Contrat social ?* C'est qu'on n'a encore rien trouvé de plus intéressant pour l'homme que l'homme même. Pascal a beau railler Montaigne, il est heureux en le lisant de trouver un homme là où il s'attendait à voir un auteur. Il n'est pas nécessaire qu'un auteur de mémoires ait été illustre par ses actions ou par ses écrits pour que l'histoire de son âme nous intéresse. Peu importe que Joubert n'ait été connu de son vivant que d'un petit cercle d'amis s'il a laissé, dans ses Pensées et dans ses Lettres, des trésors d'observations morales. Peu importe qu'Amiel ait vécu une vie obscure et monotone, que Marie Baschkirtseff n'ait pu donner la mesure de son talent d'artiste, si l'un a décrit avec une émotion éloquente et avec une rare puissance d'analyse les inquiétudes intellectuelles et morales de son âme et de l'âme d'une foule de ses contemporains, et si l'autre met à nu, avec une audace ingénue, tous les secrets d'un cœur de jeune fille russe, nous instruisant à la fois sur son sexe et sur sa race.

Ces confidences prennent, il est vrai, une toute autre valeur quand elles sont faites par un homme qui est célèbre par ses actes ou par ses livres. Elles nous permettent, même quand elles ne sont pas tout à fait sincères, de pénétrer dans l'intimité de son être moral, de saisir les mobiles de ses actions ou les germes de ses idées. Elles nous le montrent, sinon tel qu'il a été, du moins tel qu'il aurait voulu être; elles nous font comprendre l'unité fondementale qui relie les manifestations successives et quelquefois contradictoires en apparence de son activité. Combien ces confidences deviennent précieuses quand elles n'ont pas été écrites après coup pour expliquer ou corriger le passé et en pensant au public, mais au jour le jour, et pour soi seul! Elles acquièrent enfin un prix infini quand elles remontent à la première jeunesse, aux années où l'on cherche encore sa voie, où l'avenir s'ouvre, libre, indéterminé, immense, où ni la célébrité ni l'opinion ne dictent les attitudes et les paroles, où l'on se laisse voir d'autant plus naïvement, qu'inconnu de tous, on ne se connaît pas bien encore soi-même.

Nous avons la chance heureuse de posséder des confidences de cette nature laissées par l'écrivain le plus original de notre siècle, par celui dont l'œuvre porte le plus fortement l'empreinte de sa sensibilité personnelle, par Michelet.

Pour bien le comprendre, pour bien le goûter, pour le suivre à travers les évolutions de ses idées et les soubresauts de ses émotions, il faut ne jamais séparer sa personne de ses ouvrages; il cherche lui-même cette communication directe avec son lecteur; il le prend pour confident de ses joies et de ses tristesses, de ses espérances et de ses découragements; il lui parle comme un maître à un élève, comme un père à un fils, comme un ami à un ami.

L'unité de son œuvre, si variée de sujets et d'inspirations, parfois même incohérente aux yeux de l'observateur superficiel, doit être cherchée dans sa vie et dans son cœur. C'est ce qui fait l'inestimable valeur des souvenirs personnels qu'il nous a laissés et que sa veuve, fidèle dépositaire de sa pensée, a pieusement recueillis, coordonnés et publiés. Elle a publié trois volumes de voyages en Italie, en Angleterre, en Allemagne, en Flandre, en Hollande, en Suisse [1]; en 1884, elle nous a donné *Ma Jeunesse* qui contenait toute l'histoire de l'enfance et de l'adolescence de Michelet jusqu'à sa vingt-deuxième année; en 1888, elle nous a fait connaître le *Journal* intime que Michelet a écrit de 1820 à 1822, et le journal de ses lectures et de ses projets de travaux littéraires de 1818 à 1829.

Malgré l'intérêt et la beauté de *Ma Jeunesse*, bien qu'elle contienne le récit infiniment touchant des premiers rêves d'amour et des premières déceptions du futur auteur de *la Femme*, *Mon Journal* a encore beaucoup plus de prix à nos yeux. Les pages de *Ma Jeunesse*, qui sont les plus importantes pour l'intelligence du développement moral et intellectuel de Michelet, celles qui se rapportent à son enfance et à ses débuts au collège, nous étaient déjà connues, dans ce qu'elles ont d'essentiel, par la préface du *Peuple*; de plus, l'ouvrage se compose de fragments écrits à diverses époques et qu'il a fallu rapprocher, coordonner et compléter. Avec quelque discrétion et quelque piété

1. *Le Banquet*, 1879; *Rome*, 1891; *sur les Chemins de l'Europe*, 1893.

qu'aient été faits ces raccords, ils ont suffi pour qu'on y ait vu une sorte de collaboration et de remaniement. *Mon Journal*, au contraire, a été écrit au jour le jour, et nous le possédons tel qu'il a été écrit ; il se rapporte à une époque de la vie de Michelet sur laquelle nous ne connaissions rien et qui a été d'une importance capitale pour son avenir intellectuel, celle qui s'étend entre sa sortie du lycée et son entrée dans le professorat, entre ses premiers chagrins d'amour et son mariage, entre ses derniers devoirs d'écolier et ses premiers livres. Ces années 1820 à 1822 sont pour Michelet ce que sont pour Wilhelm Meister ses *Lehrjahre*, ses années d'apprentissage, apprentissage de la vie, apprentissage de la pensée et du style. C'est pendant ces années-là que Michelet a reçu les impressions qui ont donné à son caractère et à son esprit le pli définitif ; c'est alors qu'il a pris conscience de sa valeur et fixé sa vocation. *Mon Journal* nous initie à ce travail intérieur et aux circonstances décisives qui en ont été l'occasion. Nous assistons à l'ensemencement d'un sol qui devait porter plus tard de si riches moissons. Le champ que nous n'avons connu jusqu'ici qu'à l'heure de la récolte, nous le voyons maintenant au moment du labour ;

nous suivons des yeux les sillons profonds qu'y ont creusés les passions, la douleur et le travail; nous reconnaissons parmi les graines que le semeur y jette à pleines mains toutes celles qui germeront plus tard.

Il y a deux périodes dans ces années d'apprentissage. La première est remplie par l'amitié de Michelet pour Poinsot; dans la seconde, Michelet cherche dans le travail et l'activité intellectuelle un remède à la douleur poignante causée par la mort de son ami. C'est un roman que l'amitié de Michelet pour Poinsot. Cruellement déçu dans son amour pour Thérèse, maintenant mariée en province, mais gardant au fond du cœur la blessure encore saignante, instruit par la lamentable destinée de Marianne [1] des conséquences qu'entraîne pour la femme la légèreté égoïste de l'homme, il s'était imposé les règles morales les plus sévères, non par obéissance à des préceptes abstraits ou à une loi religieuse, mais par compassion pour la femme et par respect pour lui-même. Il se voue tout entier au travail et à l'amitié. Mais dans cette âme passionnée, l'amitié prend bien vite toute l'inten-

1. Voyez *Ma Jeunesse*.

sité de l'amour. Poinsot est pour lui un autre lui-même; il y a entre eux de telles ressemblances qu'il voit là « une méprise du *Démiourgos* qui a réalisé deux fois l'exemplaire éternel de la même âme, pour parler comme Platon ». Appelés à des vocations toutes différentes, puisque Poinsot faisait ses études de médecine, ils sont bientôt séparés après avoir vécu deux ans côte à côte. Poinsot est interne à Bicêtre, et désormais tout l'intérêt de la vie se concentre pour Michelet dans ses visites à son ami et dans les lettres qu'ils échangent. L'éloignement fait pour cette amitié ce qu'il aurait fait pour un amour : « c'est le soufflet de la forge ». C'est le cœur plein d'attendrissement que Michelet suit le chemin de la barrière de Fontainebleau, qu'avant d'entrer à Bicêtre, il contemple *sa* fenêtre. C'est avec ravissement qu'au retour, il pense à son ami, à leurs entretiens, à leurs promenades.

Cette amitié lui paraît supérieure à l'amour : « avec un ami, on arrive bientôt à se répandre, et délicieusement, sur les questions générales, ce qu'on ne fait guère avec une femme qu'on aime » ; l'amitié développe, au lieu de l'éteindre, l'amour de l'humanité. Poinsot, nature élevée et pure, qui « unissait la maturité de la raison à la simplicité du cœur », était malheureusement d'une santé délicate que le travail usa rapidement. Michelet devine le premier le mal qui ronge; il en suit les progrès avec une clairvoyance passionnée, et il sent s'éveiller en lui pour son ami malade, devenu son enfant, une tendresse paternelle. La lente agonie de Poinsot est une agonie morale pour Michelet et, quand Poinsot expire, le 14 février 1821, il lui semble être frappé à mort :

« A l'entrée du cimetière, la vue des arbres hérissés de glaçons me déchira de nouveau. C'était donc à cette nature hostile que nous allions le remettre, l'abandonner pour toujours! Comment dire mes angoisses pendant que nous montions lentement cette allée funèbre? Mais l'instant le plus cruel, où je me sentis étouffé, écrasé d'une douleur sans nom, ce fut celui de la descente dans la fosse. La bière, mal dirigée, y tombait avec des secousses, des heurts aux parois, qui me semblaient pour ce pauvre corps livré sans défense autant de coups et de meurtrissures... Puis ce fut d'entendre la terre durcie par la gelée retomber rapidement sur le cercueil, et le bruit caverneux qu'il rendait, comme une réclamation, une plainte désolée. Le verset tout entier du psaume me revenait : « Du fond de la tombe, Seigneur, j'ai crié vers toi. *De profundis clamavi* ».

Cette amitié si sérieuse, si tendre, si forte, a été peut-être le sentiment le plus puissant qu'ait jamais éprouvé Michelet, celui à coup sûr qui a eu l'influence la plus durable sur son être moral. Il songeait sans doute aux heures passées auprès de Poinsot mourant quand plus tard il comparaît la mort au balancier qui, en tombant, donne à la médaille son effigie : « le misérable cœur en reste marqué pour jamais ». C'est de cette amitié qu'il a dit : « Une âme entre un jour dans l'atmosphère d'une autre âme, attirée par cette mystérieuse puissance d'attraction dont nous subissons la loi aussi bien que les étoiles ; au même instant la vie de chacune de ces âmes se trouve doublée. Ces *deux qui vont ensemble* (Dante), entraînés désormais dans le courant rapide qui emporte les mondes, vont comme eux, s'empruntant, se rendant sans cesse, sans se confondre jamais. » Michelet revoit Poinsot en songe, et il trouve dans ces apparitions des raisons nouvelles de croire à l'immortalité. Il a dû en grande partie à ces relations avec Poinsot son perfectionnement moral, ses idées sur l'amitié et sur la mort. Son admiration pour son ami était telle qu'il le voulait parfait, et qu'il désirait être lui-même parfait pour être digne de lui. S'améliorer mutuellement, tel est le but que se proposent dans leurs conversations et dans leurs lettres ces deux jeunes sages de vingt et de vingt-deux ans, et nul doute qu'ils aient puisé dans leurs entretiens mutuels cette haute conception de l'amour, cette horreur de toute frivolité, ce goût de la solitude « qui leur a donné l'amour du bien ». Poinsot mort, Michelet n'a plus eu d'ami, j'entends d'ami uniquement aimé. Poret, « son bon ourson », lui était trop inférieur. Quinet fut un compagnon d'armes plutôt qu'un ami. Mais l'amitié resta pour Michelet un sentiment sacré entre tous. Il se reconnaît une seule supériorité sur les autres historiens contemporains, c'est « d'avoir aimé davantage », parce que pour lui « l'enseignement fut l'amitié ». Il nous montre les communes de Flandre fondées sur l'amitié. La Révolution se résumait pour lui dans les fédérations, et les fédérations étaient *la grande Amitié*.

Enfin la perte de Poinsot a enraciné et approfondi en lui un sentiment qui y était déjà très fort : l'amour de la mort. Non pas cet amour de la mort désespéré et gémissant que prêchent, ressentent ou affectent les pessimistes contemporains, mais un amour viril, plein de tendresse, de foi et d'espérance, qui voit dans la mort la condition même de la vie et le passage à un meilleur avenir. Il lui semble naturel de dire en même temps : « J'aime la mort » et : « Nous sommes nés pour l'action ». Ce n'est pas la mort seulement, c'est les morts qu'il aime. Dans ses incessantes promenades et ses longues visites au Père-Lachaise, il ne s'arrête pas seulement aux tombes de ceux qu'il a aimés, il donne de l'eau et des fleurs à des tombes négligées ; il a pitié des morts inconnus et oubliés. Il converse avec eux comme il converse avec l'âme de Poinsot « son cher enfant ».

Cet amour pour les morts n'est-il pas entré pour beaucoup dans la vocation historique de Michelet? dans la manière même dont il a compris l'histoire? N'a-t-il pas voulu être la conscience et la voix des foules anonymes, victimes obscures qui ont fait l'histoire, et que l'histoire oublie? N'est-ce pas à ces foules, aux héros méconnus, qu'il a voué toutes ses sympathies? N'est-il pas descendu en justicier compatissant dans les nécropoles du passé pour rappeler à la vie ceux qui y dormaient un sommeil séculaire? N'est-ce point parce qu'il a été guidé et inspiré par l'amour pour les morts qu'il a donné à l'histoire le nom gravé aujourd'hui sur son tombeau : *Résurrection*? Poinsot disparu, Michelet a généralisé et répandu sur l'humanité les sentiments qu'il avait concentrés sur son ami. Dans sa vie entière ont retenti les échos de cette passion de sa jeunesse.

Si l'amitié l'avait consolé de l'amour déçu, il se jeta avec fureur dans l'activité intellectuelle quand il fut privé des joies quotidiennes de l'amitié. Au roman de l'amitié succède le roman des idées, car tout chez lui, l'intelligence même, est sentiment et passion. C'est à cette époque que s'applique le mot mis par madame Michelet en épigraphe au volume : « Les passions intellectuelles ont dévoré ma jeunesse. » De 1821 à 1828, son cerveau est en ébullition, les projets d'ouvrages s'y pressent et s'y entrecroisent ; il ne démêle que lentement sa vraie voie. C'est vers la philosophie qu'il se tourne d'abord ou plutôt vers l'histoire philosophique. Il se nourrit des philosophes, de Condillac, de Gérando, de Destutt de Tracy, de Kant, de Dugald Stewart ; il enseigne d'abord la philosophie en même temps que l'histoire à l'École normale et son rêve est d'allier « la science de Dieu à la science de l'homme ». Il travaille longtemps au plan d'un grand ouvrage sur le *Caractère des peuples cherché dans leur vocabulaire.* Il traduit *Vico ;* il scrute les *Origines du droit.* Mais on sent le goût de la réalité concrète qui le saisit et l'entraîne. Après avoir préparé une sorte d'histoire de l'Église et de la civilisation, il se contente d'écrire les *Mémoires de Luther ;* il compose le *Précis d'histoire moderne ;* et on voit s'élaborer par fragments ce qui deviendra plus tard l'histoire de France. Au moment où s'arrête le *Journal des idées,* il va commencer son *Histoire romaine.* Ce n'est que trente ans plus tard qu'il reviendra aux préoccupations de sa jeunesse et que, dans une série de livres de science et de poésie tout à la fois, il donnera un corps à une partie des conceptions philosophiques et cosmogoniques d'autrefois.

Si l'histoire de l'amitié avec Poinsot, si le *Journal de mes idées,* nous aident à savoir et à comprendre quelles ont été les sources d'inspiration de Michelet, le *Journal* intime n'est pas moins précieux pour connaître dans quelles conditions, sous quelles influences se sont formés son caractère et son talent, car on ne peut, chez lui, séparer l'homme de l'écrivain.

Chose singulière et bien faite pour démentir ceux qui maudissent les règles comme des entraves au génie et qui croient que l'irrégularité dans la conduite de la vie et le caprice dans le travail développent l'originalité, cet écrivain, primesautier et original entre tous, s'est soumis tout jeune à la plus étroite des disciplines; cet homme, qui a uni en lui la sensibilité éperdue de Diderot à la nervosité exaspérée de Saint-Simon, s'est formé en menant la vie d'un disciple de Port-Royal.

Donnant sept heures de leçons par jour, il se levait à quatre heures pour avoir deux heures de travail avant de quitter la maison. Le soir, le jeudi, le dimanche, il trouvait encore quelques heures à donner à la lecture, et il avait pris l'habitude d'emporter toujours avec lui un livre pour lire en marchant. Quelques promenades au Père-Lachaise et dans le bois de Vincennes, ses courses à Bicêtre quand Poinsot vivait encore, c'étaient là ses seules récréations. Quelques visites à ses maîtres, à M. Leclerc, à M. Villemain, à M. Andrieux, ou aux parents de ses élèves, faisaient toute sa vie mondaine. Dans la maison même où il habitait, entre son père, la vieille madame Hortense et les pensionnaires, parmi lesquels était mademoiselle Rousseau qui devint, en 1824, sa femme, il vivait très retiré et solitaire, avec ses livres et ses pensées, se répétant le mot de l'*Imitation* : « Je me suis souvent repenti d'avoir été parmi les hommes, jamais d'être resté seul. » — « J'achève l'apologie de Socrate, dit-il ailleurs, et je m'enfonce avec une joie sauvage dans la solitude et l'abstinence absolue. » — « La plénitude du cœur ne s'obtient qu'avec le recueillement de la solitude. Les puissances de l'âme et de la volonté ne se rencontrent guère chez ceux qui se prodiguent ».

Sa discipline intellectuelle répondait à cette régularité de vie. Au milieu des occupations accablantes et mal rétribuées qui lui permettent de suffire à ses dépenses, il se fait à lui-même un plan de travail qu'il poursuit en dépit de toutes les difficultés, le manque de temps et le manque de livres. Il a noté, pendant onze ans, toutes ses lectures, choisies avec une méthode scrupuleuse. Avant tout il continue ses études classiques. Chaque mois, il lit un certain nombre d'auteurs grecs et latins ; il les traduit, car il considère la traduction comme une œuvre originale et le meilleur des exercices de style ; il compose des vers latins et des vers grecs ; il traduit en vers grecs ses propres compositions françaises, et la versification latine lui est si familière qu'elle lui sert à exprimer les émotions les plus profondes de sa vie intime.

A côté de l'étude de l'antiquité classique dans laquelle il se plonge au point de composer des vers grecs, de savoir Virgile entier par cœur et de connaître presque aussi bien Homère et Sophocle, il fait une place aux mathématiques, parce qu'il y voit une discipline utile pour l'esprit, un moyen de dompter l'imagination vagabonde, de la soumettre à la logique. Bien qu'âgé de vingt-deux ans et déjà docteur ès lettres, il retourne aux cours du lycée Saint-Louis et il prend un répétiteur de mathématiques. Je ne sais s'il a trouvé dans ces exercices le profit qu'il y cherchait. Les mathématiques n'ont jamais gardé personne des chimères, et, si elles ont peut-être rendu Michelet plus subtil, elles ne l'ont pas rendu plus logique.

Enfin il étudiait régulièrement la Bible. La douceur de l'Évangile, la majesté des prophètes et leurs images grandioses parlaient également à son imagination et à son cœur. Ajoutez à cela la lecture des philosophes, pour y prendre moins la connaissance de la philosophie que l'esprit philosophique. Les lectures historiques, peu nombreuses tout d'abord, ne deviennent abondantes que lorsque sa nomination de professeur à Charlemagne l'a délivré de la servitude de l'institution Briand, et que sa vocation d'historien commence à l'entraîner des idées générales sur la civilisation et l'humanité à l'étude d'époques particulières. Les philosophes, la Bible, les mathématiques et l'antiquité, l'antiquité surtout, tels furent ses maîtres, auxquels il faut joindre, il est vrai, la nature. Il ne sut jamais ce que voulait dire la querelle des romantiques et des classiques; car les auteurs anciens étaient pour lui les vrais disciples de la nature et il voyait dans l'antiquité non des formes à copier, mais une âme dont on s'inspire.

Ce qui est peut-être plus remarquable encore que la méthode apportée par Michelet dans son travail et ses lectures, c'est la sagesse avec laquelle il se refuse à toute production hâtive, malgré le besoin d'argent qui le presse. Il aime mieux user sa santé à donner des leçons que de gaspiller son talent, de vulgariser son style dans le journalisme; il renonce à un projet de recueil de discours des orateurs grecs et anglais parce que M. Villemain, à qui il en a parlé, a prononcé le mot de mercantilisme. Il se refuse à faire trop vite usage d'une science de fraîche date ; il sait que les fruits des arbres qui produisent trop vite n'ont ni couleur ni saveur ; il veut laisser au vin le temps d'achever sa fermentation dans la cuve. « Ne vous pressez pas de partir, dit-il aux bourgeons de son jardin en pensant à lui-même, demain la neige et la gelée vous ressaisiront. Dormez plutôt bien tranquilles jusqu'à ce que l'heure du vrai réveil soit venue. » Il savait que l'heure du réveil viendrait, et il ne faut pas prendre au pied de la lettre les passages où il parle avec trop de modestie de la « médiocrité » de son esprit ou de la « froideur » de son style. J'y vois bien plutôt l'aveu d'une ambition que l'expression d'un regret. Tout dans sa conduite et dans ses paroles, sa fierté vis-à-vis de ses supérieurs, la rigueur des règles qu'il s'impose, respire la conscience de sa force et la foi dans sa destinée.

La discipline morale à laquelle il se plie n'est pas moins digne d'admiration que la méthode de travail qu'il s'impose et elle nous montre son caractère sous un jour singulièrement touchant. J'ai déjà dit comment il était arrivé à se faire une règle de vie austère fondée sur le sentiment seul, je pourrais presque dire sur le culte même qu'il avait pour l'amour. Il a d'autant plus de mérite à s'être élevé à cette conception morale si élevée qu'il avait accepté et lâcher pour autrui la théorie commode qui déclare impossible dans le célibat l'observation stricte de la règle des mœurs. Mais ce n'est là qu'un des côtés de sa discipline. C'est à tous les moments de la vie qu'il s'observe, travaille sur lui-même, s'adresse des réprimandes et des conseils, tend sans cesse à la perfection morale. Il se reproche les impatiences et les bouillonnements de son sang ardennais ; il se promet de ne plus discuter avec violence. Il note chaque petit progrès ; il éprouve une joie enfantine à constater « qu'il se lève de bonne heure sans grogner ».

Il continue son journal après la mort de Poinsot « pour s'améliorer ». Il va au Père-Lachaise sur la tombe de son ami « pour se rendre meilleur » ; il s'accuse de « son manque de discipline ». Il cherche dans l'exercice de la charité l'éducation de son âme et la distraction à sa tristesse. Il en arrive à formuler des préceptes d'une rigueur monacale. « Retranchons des paroles tout ce qui est personnel,

Parler des passions, c'est les nourrir. » — « Disons-nous chaque matin, pour nous fortifier, que le devoir seul importe, et que tout le reste n'est rien. » C'est sur ces paroles que se clôt le *Journal.*

Qu'on ne croie pas que ce fût là un élan passager, une phase dans sa vie: Michelet resta toujours fidèle aux principes de sa jeunesse. Ses journées étaient distribuées avec une régularité immuable, son travail et ses lectures soumis à la plus stricte méthode, ses mœurs graves et simples; il garda le goût de la vie solitaire, égayée par quelques amitiés et ennoblie par la charité. Toute cette discipline ne faisait d'ailleurs que surexciter son imagination et sa sensibilité en les comprimant. Ce bourgeois rangé, irréprochable, à peine avait-il la plume à la main, c'était la Sibylle sur son trépied.

Michelet nous apparaît déjà dans son *Journal* tel qu'il sera toute sa vie, et rien ne peut mieux en faire comprendre l'harmonie et l'unité. La légende, souvent répétée par des juges superficiels ou prévenus, d'après laquelle il aurait éprouvé après 1840 un brusque changement moral qui l'aurait transformé de catholique et de royaliste qu'il était en libre penseur et en révolutionnaire, soit par désir de popularité, soit par vanité blessée, cette légende ne résiste pas à la lecture du *Journal*. Sa lettre à Poinsot, écrite au milieu des émotions populaires de 1820, « le troisième jour de la Révolution », a déjà l'accent de l'*Introduction à l'histoire universelle* et de la préface de l'*Histoire de la Révolution*. Il admire presque Louvel et voit en lui le vengeur de Ney. Il est déjà libéral, démocrate, et la fibre révolutionnaire vibre en lui. Il voit dans le Christ « un homme de bonne foi, exalté dans ses méditations profondes, surpris lui-même de sa sagesse et qui s'est cru le Messie ». Saint Paul, « très faible de raisonnement », est pour lui le fondateur de l'Église. Michelet avait la foi du Vicaire savoyard : Dieu et l'immortalité. Il l'a toujours eue et il n'a jamais eu que celle-là.

Nous retrouvons dans le *Journal* le germe de tout ce que Michelet a pensé et écrit plus tard. N'est-ce pas le plan de la *Sorcière* qu'il trace en 1825 ? « Si l'on faisait les mémoires de Satan, il faudrait le montrer d'abord furieux, se croyant égal à Dieu... puis, pâlissant, diminuant chaque jour, et s'absorbant en Dieu dont il n'est qu'une forme. » N'est-ce pas la *Bible de l'humanité* qu'il rêve dès 1820 : « Je sens vivement la nécessité d'un livre qui serait la nourriture habituelle d'une âme souffrante. Je suis toujours surpris que, dans cet ordre d'idées, on n'ait encore rien tiré des philosophes anciens et surtout des livres de l'Orient d'où nous vient, en tous sens, la lumière. De ce côté, l'idée de Dieu se confond avec celle de l'action. La Grèce, la Perse, voilà où j'aimerais à puiser, parce que la religion de ces peuples, au lieu d'endormir les esprits, les pousse vers le progrès. » Tous ses petits livres d'histoire naturelle ne rentrent-ils pas dans l'ouvrage qu'il méditait en 1825: *Étude religieuse des sciences naturelles ?* Nous reconnaissons partout l'éducateur qui a écrit *Nos Fils*, dans les conseils qu'il donne à Lefèvre, à Bodin, à lui-même. Il rêve d'adopter un enfant pour former une âme; ce jeune homme de vingt-deux ans a déjà la fibre paternelle. Il est vrai qu'à ce sentiment paternel se mêle autre chose; car cet enfant adoptif est toujours dans sa pensée une petite fille, qui deviendra une femme, et nous voyons l'auteur de *l'Amour* et de *la Femme* dans celui qui a écrit les pages admirables du *Journal* sur les femmes et sur l'amour, l'amour plus fort que la mort. « Oui, la femme vit, sent et souffre tout autrement que l'homme. La délicatesse des organes fait celle des sensations », et tout ce qui suit, p. 265 et suivantes.

Bien loin que la seconde période de la vie de Michelet ait été en contradiction avec la première, c'est alors seulement qu'il a réalisé dans sa vie et dans ses livres, tous les rêves de sa jeunesse, alors qu'il a eu une femme « compagne de sa pensée et de ses travaux », alors qu'il s'est arraché « à la sauvage histoire de l'homme », pour revenir aux pensées philosophiques et religieuses et à la nature, c'est-à-dire à Dieu.

Il indique dès la première heure la source de toutes ses inspirations : « Le cœur est le plus souvent, chez moi, le point de départ de mes pensées. Il féconde mon esprit. » Sensibilité qui n'a rien d'égoïste, qui est tout amour des hommes : « Ne laissons voir de nos larmes que celles qui tombent sur les maux d'autrui. Ce sont les seules qui soient fécondes. » A l'amour des hommes, il faut joindre l'amour de la nature ; mais l'amour de la nature n'est pour Michelet qu'une expansion au dehors de sa sensibilité intérieure. Il aime les animaux comme il aime les faibles, les infirmes. Un paysage est pour lui en état d'âme comme pour Amiel. Il mêle la nature à toutes ses émotions : « Rien de la nature ne m'est indifférent. Je la hais et je l'adore comme on ferait d'une femme. » Les phases de sa vie intellectuelle suivaient le mouvement des saisons. Il associait la nature non seulement à ses sentiments, mais aussi à sa philosophie : « Le temps était doux et sombre, la campagne triste ; un ciel gris l'enveloppait. L'horizon immobile, sous cette teinte uniforme, semblait pourtant s'approcher peu à peu de la terre ; aucune perspective d'ailleurs, rien qui fît apprécier les distances. J'aurais pu croire toucher le ciel en atteignant le bout de la route. L'immensité, qui parfois nous effraye en nous isolant, n'existait plus. C'était tout intime, on sentait Dieu à portée. On éprouvait quelque chose de l'émotion attendrie d'un fils qui, habituellement séparé de son père par une distance infinie, le voit peu à peu redescendre et doucement venir à lui. »

Le cœur n'est pas seulement la source des pensées, il est aussi le maître du style. « *Les paroles sortent de la plénitude du cœur :* ce mot pris dans un autre sens que ne l'entendait le Christ, vaut à lui seul toutes les rhétoriques. » Il dit ailleurs : « Le style n'est qu'un mouvement de l'âme. » Cette belle définition est déjà vraie du style du journal. Madame Michelet se trompe quand elle dit que les pensées et le style du *Journal* datent de 1820. Les pensées sont celles dont l'œuvre entière de Michelet est inspirée; le style ne date pas. Le *Journal* compte parmi ses œuvres les plus exquises par la forme comme par les sentiments; moins pittoresque, moins coloré qu'il ne le deviendra plus tard, son style y a déjà la chaleur, la souplesse, l'harmonie musicale; il est déjà rythmé aux battements de son cœur.

La croirait-on écrite en 1821, cette phrase haletante d'émotion, écrite après une rencontre avec Thérèse: « Il me semble que mon âme et mon corps, depuis ce moment, n'aillent plus ensemble. Lui est, ici, misérable; elle, mon âme, je ne sais où, en fuite de moi, me laissant là, gisant, demi-mort. Eh! que ne suis-je donc mort tout à fait! » Ne nous étonnons pas trop, mais félicitons-nous au contraire, que le français de Michelet ait « soulevé l'indignation » des juges de l'agrégation de 1821. C'est sans doute ce qui fait qu'il nous ravit aujourd'hui, qu'il n'a pas vieilli d'un jour.

Jusque dans le détail on retrouve dans son *Journal* des pensées qui seront développées plus tard, des esquisses qui deviendront des tableaux.

Une des plus belles pages que Michelet ait jamais écrites, celle sur le jour des morts dans *la Sorcière*, a été conçue sous sa première forme en 1821, pendant les vacances de Pâques (p. 195 du *Journal*). Elle n'a été écrite sous sa forme définitive que quarante ans plus tard.

C'est donc Michelet tout entier que nous révèle et nous explique ce délicieux petit livre, écrit avec des larmes et du sang, où il nous livre le secret de sa vie, de sa pensée, de ses œuvres. Comme il vient du cœur, puisse-t-il trouver le chemin des cœurs ; enseigner à une génération frivole ou découragée le sérieux de la vie, l'enthousiasme pour les idées et la foi au bien, l'amour de la patrie et « le patriotisme de l'humanité » ! Que ce maître et cet ami incomparable reste un ami et un maître pour la jeunesse d'aujourd'hui et pour celle de demain ! Qu'elles lui rendent ce culte des morts qui fut sa religion ! Que par elles il continue, comme il l'espérait, à vivre, à aimer et à être aimé !

FIN.

TABLE

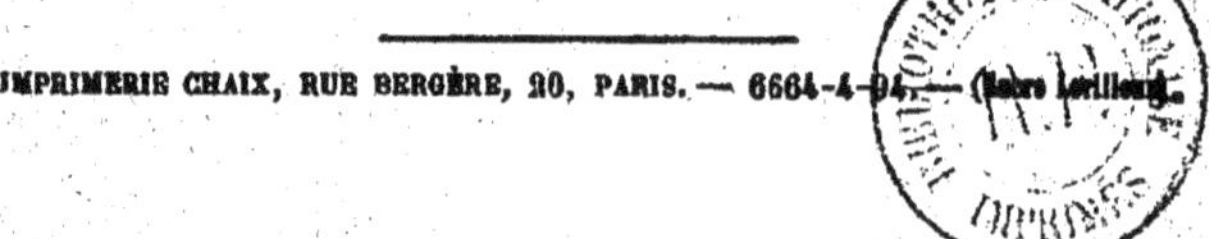

IMPRIMERIE CHAIX, RUE BERGÈRE, 20, PARIS. — 6664-4-94. — (Encre Lorilleux).

DERNIÈRES PUBLICATIONS

Format grand in-18, à 3 fr. 50 le volume

RENÉ BAZIN	vol.
Les Italiens d'aujourd'hui	1
TH. BENTZON	
Le Parrain d'Annette.....	1
MARIUS BERNARD	
Au Pays des Dollars.....	1
ERNEST BLUM	
Journal d'un Vaudevilliste	1
ÉDOUARD CADOL	
Le Secrétaire particulier..	1
Mme CARO	
Complice !...............	1
PIERRE DE CROZE	
Le Chevalier de Boufflers	1
ÉTINCELLE	
L'Irrésistible.............	1
ANATOLE FRANCE	
Les Opinions de Jérôme Coignard..............	1
GYP	
Le 13e...................	1
P. LABARRIÈRE	
Secret de famille..........	1

LUDOVIC HALÉVY	vol
Karikari..................	1
PIERRE LOTI	
Madame Chrysanthème..	1
JULES LEMAITRE	
Les Rois..................	1
HUGUES LE ROUX	
Gladys....................	1
PAUL MAHALIN	
Les Barricades............	1
PAUL PERRET et FÉLIX COHEN	
La Duchesse Jean........	1
HENRY RABUSSON	
Préjugé ?................	1
J. RICARD	
Cristal Fêlé...............	1
RICHARD O'MONROY	
Les petites Manchaballe..	1
SAINT-PRIX	
Vertu païenne...........	1
LÉON DE TINSEAU	
Le Chemin de Damas....	1

Paris. — Imprimerie A. Delafoy, 3, rue Auber.

www.ingramcontent.com/pod-product-compliance
Lightning Source LLC
LaVergne TN
LVHW011945220826
846092LV00001B/91
* 9 7 8 2 0 1 9 6 8 1 2 7 2 *